北京创新创业载体的知识产权服务体系

王海芸◎等编著

经济管理出版社

ECONOMY & MANAGEMENT PUBLISHING HOUSE

图书在版编目（CIP）数据

北京创新创业载体的知识产权服务体系/王海芸等编著 .—北京：经济管理出版社，2019.8

ISBN 978-7-5096-6634-0

Ⅰ.①北…　Ⅱ.①王…　Ⅲ.①企业管理—技术革新—知识产权—研究—中国　Ⅳ.①D923.404

中国版本图书馆 CIP 数据核字（2019）第 106399 号

组稿编辑：陆雅丽
责任编辑：陆雅丽
责任印制：黄章平
责任校对：王纪慧

出版发行：经济管理出版社
　　　　　（北京市海淀区北蜂窝 8 号中雅大厦 A 座 11 层　100038）
网　　　址：www.E-mp.com.cn
电　　　话：（010）51915602
印　　　刷：北京晨旭印刷厂
经　　　销：新华书店
开　　　本：720mm×1000mm/16
印　　　张：13.75
字　　　数：189 千字
版　　　次：2019 年 8 月第 1 版　2019 年 8 月第 1 次印刷
书　　　号：ISBN 978-7-5096-6634-0
定　　　价：68.00 元

序　言

　　知识产权是创新创业成功的重要保障，是激发创新创业热情、保护创新创业成果的有效支撑。在大众创业、万众创新的大背景下，在我国加速转变经济发展方式的关键时期，全社会的自主创新活力得到进一步释放，企业对高质量、多元化的知识产权服务需求愈加强烈。自中共中央、国务院做出推进大众创业、万众创新战略部署以来，各省市的知识产权保护力度不断加大，保护效果持续向好。北京作为首都，在创新创业不断涌起的大潮中，知识产权服务发挥着保驾护航的作用。北京市知识产权服务行业发展在全国处于较为领先的地位，但现阶段，知识产权保护的公共服务工作难以满足创新创业载体及主体的实际需求，在知识产权服务人员、服务内容、服务模式、服务机制等环节仍存在不足，而知识产权作为创新驱动的基础保障，作为创新创业的重要支撑，地位更加重要，作用愈加凸显，加大加强知识产权保护势在必行。

　　近年来，北京市相继出台了《关于促进首都知识产权服务业发展的意见》（京政发〔2011〕71号）、《北京市人民政府关于加快发展首都知识产权服务业的实施意见》（京政发〔2015〕25号）和《深入实施首都知识产权战略行动计划（2015~2020年）》等多项政策，鼓励各类知识产权服务机构开展多种形式的服务创新，拓展服务领域、丰富服务模式、提升服务水平。经过多年的探索，首都知识产权服务业已初步形成完善的政策机制，服务规模和服务能力已处于全国领先水平。

因此，为了深入落实国务院《关于大力推进大众创业万众创新若干政策措施的意见》（国发〔2015〕32号）以及《国务院关于新形势下加快知识产权强国建设的若干意见》（国发〔2015〕71号）中关于加强创业知识产权保护、大力发展第三方专业服务的工作要求，全面了解北京市创新创业服务组织知识产权工作情况，梳理有益经验做法、发现存在问题，并提出进一步完善创新创业服务中知识产权工作的政策建议和工作建议，北京市保护知识产权举报投诉服务中心（以下简称北京12330）结合这些工作建议和研究形成了创新创业载体的知识产权服务指南，并在北京市范围内选择了多家机构进行试点运行，经过一年多试运行，总体来看，双创载体在为入驻企业提供知识产权公共服务工作方面有积极的支撑作用。一方面，双创载体通过举办知识产权培训、咨询等服务活动，帮助入驻企业及时掌握知识产权相关政策措施，尽早开展知识产权布局工作，为企业的长远发展提供保障；另一方面，双创载体以优惠的服务价格引入专业的知识产权代理机构，为入驻企业提供专利申请、维权保护等专业知识产权服务，保障入驻企业的合法权益。

全书主要由王海芸设计整体研究框架，并对各章节结构内容及全书进行了指导和统一汇总。本书每一章都有相应的执笔人，其中：第一章：王海芸，张钰凤，李宪振；第二章：李宪振，王海芸；第三章：李昂，陶晓丽，黄露；第四章：王海芸，张钰凤，黄露；第五章：王连洁，黄显智，温寒，瞿卫军，刘云，张婧瑶；第六章：王连洁，温寒，王海芸，闫秀燕，邓昊，张毅，何玲，王丽萍。该书在出版过程中得到了北京12330负责人王连洁主任的大力支持，她从工作实践和推动知识产权发展的角度对全书内容做了深入指导，在此表示衷心的感谢！

由于能力、时间、资料收集有限，本书还存在有待深入研究之处，创新创业载体的知识产权服务体系还处于实践过程中，随着创新创业载体自身的发展完善以及知识产权服务体系的不断演化，我们对该问题的认识也会更加深入，后续我们也将持续跟踪这一研究主题。

目　录

第一章 研究概论

随着国际竞争的加剧和知识经济的兴起，知识产权在国际科技、经济、贸易中的地位得到了历史性提升，成为影响一个国家或区域经济发展的关键因素之一。当前全球新一轮科技革命和产业变革蓄势待发，我国经济发展方式加快转变，创新引领发展的趋势更加明显，知识产权制度激励创新的基本保障作用更加突出。我国知识产权战略目标是到 2020 年把我国建设成为知识产权创造、运用、保护和管理水平较高的国家。知识产权法治环境进一步完善，市场主体创造、运用、保护和管理知识产权的能力显著增强，知识产权意识深入人心，自主知识产权的水平和拥有量能够有效支撑创新型国家建设，知识产权制度对经济发展、文化繁荣和社会建设的促进作用充分显现。

近几年国家大力提倡大众创新、万众创业，各类创新创业载体纷纷成立，这些载体具有不同的功能和服务内容，在各类服务功能中，知识产权服务是最为重要的一部分，但是，因为管理水平、资金、理念等诸多方面的因素，国内绝大多数创新创业载体在知识产权服务环节上都比较薄弱，知识产权服务体系基本处于不健全、不规范的状态，打击了在创新创业载体内孵化的企业进行科技创新的积极性，因此深入研究创新创业载体的知识产权服务体系非常有必要。

本章重点关注知识产权服务体系、创新创业载体等相关概念的内涵和外延，构建创新创业载体的知识产权服务体系的理论分析框架。

第一节　知识产权服务体系的相关概念研究

概念界定

1. 知识产权服务体系的概念界定

目前，国内学者和机构对知识产权服务体系提出不同的看法，但至今没有统一的理解和定义。目前学者们的研究主要集中在知识产权服务体系的构建、发展现状、公共知识产权服务体系等方面，国家知识产权局对知识产权服务的定义是对专利、商标、版权、著作权、软集成电路布图设计等的代理、转让、登记、鉴定、评估、认证、咨询、检索活动，包括专利、商标等各种知识产权事务所（中心）的活动。曾莉等（2017）[①] 认为知识产权的服务体系，就是指专利、商标、版权等相关形态的产权制度和法律法规体系，同时以政府、社会组织机构等组织为载体，以高新技术企业等创新主体为服务对象，为社会提供代理、评估、风险投资等各种服务的资源综合。

从服务的性质看，知识产权服务包括公共服务和市场化服务。知识产权服务体系是由政府服务体系和中介服务体系两部分构成的系统。知识产权公共服务是指政府知识产权管理部门行使其服务职能，使用公共权力或公共资源为知识产权创新主体提供的知识产权服务产品，也包括行业协会和事业单位不以营利为目的提供的知识产权服务。知识产权市场化服务是指为满足知识产权创新主体的市场需求，主要由知识产权服务机构提供的个性化、高附

[①] 曾莉，戚功琼. 众创空间知识产权服务体系发展现状与对策研究——以中关村国家自主创新示范区为例 [J]. 中国发明与专利，2017，4（4）：13-17.

加值的知识产权服务（杨红朝，2014）[1]。陈宇萍等（2015）[2] 认为，从知识产权产业化链条看，知识产权服务包括知识产权产业链前端的信息检索、获取与确权代理、技术合作服务；知识产权产业链中端的知识产权认证、许可和交易转让、知识产权抵押和投融资等中介服务；以及知识产权产业链后端的知识产权咨询与维权保障和知识产权纠纷的法律服务等。

2. 知识产权服务业的概念界定

知识产权服务业是以人的智慧成果——知识、信息资源的创造、加工、传播、运用为主导，以这些智慧成果的权利——知识产权的确权、维权、评价（估）、交易、保护、配置为主线所形成的新型服务业（郭罗生，2009）[3]。《关于加快培育和发展知识产权服务业的指导意见》（国知发规字〔2012〕110 号），于 2012 年 11 月 13 日，由知识产权局、发展改革委、科技部、农业部、商务部、工商总局、质检总局、版权局、林业局九部委联合发布，文中提到知识产权服务业主要是指提供专利、商标、版权、商业秘密、植物新品种、特定领域等各类知识产权"获权—用权—维权"相关服务及衍生服务，促进智力成果权利化、商用化、产业化的新型服务业，是现代服务业和生产性服务业的重要内容、高技术服务业发展的重点领域。知识产权服务业务主要表现为六个方面：知识产权代理服务、知识产权法律服务、知识产权信息服务、知识产权商用化服务、知识产权咨询服务和知识产权培训服务。冯晓青（2013）[4] 指出，知识产权服务业是指知识产权服务主体利用自身专业知识和技能，围绕知识产权的确权、维权、用权，为知识产权权利人开展

---

① 杨红朝. 知识产权服务业培育视角下的知识产权服务体系发展研究 [J]. 科技管理研究，2014（8）：176-180.

② 陈宇萍，魏庆华，张滢，徐宇发，袁攀，杨越松. 广东省知识产权服务业发展对策研究 [J]. 广东科技，2015（20）：21-24.

③ 郭罗生. 对评估知识产权的思考 [J]. 中国资产评估，2009（9）：37-39.

④ 冯晓青. 基于技术创新与知识产权战略实施的知识产权服务体系构建研究 [J]. 科技进步与对策，2013（2）：112-114.

以知识产权代理、转让、诉讼、许可、评估、咨询、培训、信息检索和分析、质押融资等相关服务为主要内容的一种现代服务行业。

国家在推动知识产权服务统计监测体系方面始终在不断完善。2013年5月，国家统计局首次制定《高技术产业（服务业）分类》，其中即包含"知识产权及相关法律服务"，知识产权服务代码7250。2018年4月，新修订的《高技术产业（服务业）分类（2018）》中，"知识产权及相关法律服务"隶属大类7，代码7100为知识产权服务，7201为知识产权律师及相关法律服务，7299为其他知识产权法律服务，7231为与知识产权有关的法律服务，7239为与知识产权有关的调解、仲裁等服务。2017年10月1日起正式实施新修订版的《国民经济行业分类》（GB/T 4754-2017），"知识产权服务"调整至"科学研究和技术服务业"中类30，为"科技推广和应用服务业"，代码为M7520，"指专利、商标、版权、软件、集成电路布图设计、技术秘密、地理标志等各类知识产权的代理、转让、登记、鉴定、检索、分析、咨询、评估、运营、认证等服务"，其中首次增加"技术秘密、地理标志"，同时服务范畴中首次扩充入"分析"和"运营"服务。2017年2月，国家统计局发布《新产业新业态新商业模式统计分类（试行）》（简称"三新"分类）。界定"三新"活动范围，以满足统计上观察、测算"三新"经济活动发展规模、结构和质量等需要。"知识产权服务"隶属大类06"新技术与双创服务活动"，中类为"现代技术服务"0602，知识产权服务代码为060211①。

3. 两者之间的区别和联系

知识产权服务业与知识产权服务体系之间有着紧密的相关性，也有着较大的不同。一是定位不同。本书认为知识产权服务体系从广义而言，是与知识产权服务相关的整体范围，不是一个具体的行业或者一个具体的组织，不能用规模来衡量知识产权服务体系，需要用规范性、体系性等来衡量。知识

---

① 刘菊芳. 论改革开放背景下知识产权服务业发展［J］. 中国发明与专利，2018（8）：57-68.

产权服务业是一种新兴业态,是科技服务业中九个子服务业之一,未来发展是壮大产业规模,提升产业发展质量,培育产业发展新业态等。二是组成内容不同。知识产权服务体系更多强调的是服务内容的构成具备一定的体系性和完备性,但是知识产权服务业的构成是具体的每一类知识产权服务的子行业,能够定量统计出产业发展规模,因为两者的组成内容有较大不同。

就两者关系而言,杨红朝(2014)[1] 认为完善知识产权服务体系的关键在于发展知识产权服务业,本文认为知识产权服务业和知识产权服务体系是互相包含的关系,知识产权服务业发达程度与否,对于知识产权的宏观服务体系和微观服务体系的促进是不同的,知识产权服务业越发达越有利于构建宏观的知识产权服务体系和微观的知识产权服务体系,但通常对于宏观的(比如省市)知识产权服务体系而言,影响比较直接;对于微观(比如个体机构)的知识产权服务体系构建而言,则会受到机构内外各类要素的影响,因此影响相对间接。

4. 本书对知识产权服务体系概念的界定

随着产业分工日趋专业化和精细化,知识产权服务更直接地融入企业的研发、创新和生产环节,而且知识产权服务内容也在不断丰富与发展,日渐形成一个独立的服务体系。从迅速发展的高端技术产业的需求角度看,其对知识产权服务体系的完备性、适用性、规范性等相关需求也不断增长,知识产权服务体系在这种需求下也将逐步得以完善。未来无论国家层面还是区域层面都应努力构建知识产权服务标准体系,因为服务标准化对规范服务业服务过程、提高服务质量和效率、提升用户满意度、保障服务安全、完善市场环境、促进服务贸易的发展都具有非常重要的作用。本书采用了 2012 年发布的《关于加快培育和发展知识产权服务业的指导意见》(国知发规字〔2012〕110 号)中的界定,即知识产权服务体系主要包括以下六方面的服务内容:

---

① 杨红朝. 知识产权服务业培育视角下的知识产权服务体系发展研究 [J]. 科技管理研究,2014(8):176-180.

①知识产权代理服务；②知识产权信息服务；③知识产权法律服务；④知识产权商用化服务；⑤知识产权咨询服务；⑥知识产权培训服务等。

第二节　创新创业载体的类型及分析框架

自国家提出支持大众创新、万众创业的战略目标后，全国各省市都涌现出了多种多样支持创新创业的服务组织，"创客空间""大学科技园""孵化器"等创新创业平台纷纷涌现。目前针对创新创业单个机构的研究较多，对创新创业的载体系统性研究较少，但大部分学者对各种类型的载体都有相关理论和实践的分析。比如，王佑镁等（2015）① 认为创客空间经历了"车库空间"到"众创空间"的发展，通过环境、精神和功能层面的支撑，充分发挥其选择性、开放性、共享性、协作性以及创新性等创新 2.0 特质。其中，众创空间是一种面向创新创业的开放式综合服务平台，不同创建主体及发展定位决定了众创空间在创新创意转化、创业创造孵化、创新学习实践等方面的多样化类型。针对孵化器的研究较多，比如孔祥浩等（2013）② 认为企业孵化器的新商业模式，即面向行业的三螺旋协同创新模型与发展路径。针对大学科技园的研究，李萍等（2012）③ 认为主要从成果转化与人才培养等方面着手；郭俊华等（2015）④ 则从全链条孵化视角对科技创新创业载体进行了研究，并以上海市为例进行了分析。

---

① 王佑镁，叶爱敏. 从创客空间到众创空间：基于创新 2.0 的功能模型与服务路径 [J]. 电化教育研究，2015（11）：5-12.

② 孔祥浩，张研. 面向行业的三螺旋协同创新发展模型研究 [J]. 科技进步与对策，2013（4）：13-16.

③ 李萍，郑旭. 美英日大学科技园创新创业人才培养特点及启示 [J]. 科技管理研究，2012（6）：96-99.

④ 郭俊华，杨艳. 全链条孵化视角下的科技创新创业载体研究——以上海市为例 [J]. 科技进步与对策，2015（20）：12-17.

本书所指的创新创业载体是指支持创新创业活动的相关组织或平台，统称为创新创业载体，包括国家级及市级大学科技园、国家级及市级科技企业孵化器、众创空间、创新基地等。创新创业载体作为一种新型社会经济组织，为高新技术成果转化、科技企业创业提供孵化条件和环境，培育科技实业家和专业人才，为科技企业发展提供必需的市场化和国际化服务，已成为各地创新创业的重要力量。

关于创新创业相关理论的分析框架，王昌林（2018）[①] 提出创新创业生态系统的分析框架，认为"双创"生态系统本质上是有利于创业和创新协同共生的动态平衡系统，可以使用"创新创业生态系统=机构与要素+结构+机制+环境"的四位一体分析框架进行分析。其中机构与要素包括大学、科研机构、企业等机构和劳动力、技术、资金等资源；结构指要素和机构按照什么比例进行配置；机制包括协调机制、动力机制等；环境主要包括营商环境和创新文化，营商环境又包括公平竞争的市场环境和法制环境、政策环境、创业服务环境等。

Erkko Autio 等（2014）[②]认为很少有人注意到环境因素对创业创新的影响，因此他们深入分析了环境在刺激创业创新不断扩展范围和种类中发挥的作用，以及基于不同创业创新行为和之后的新创企业绩效研究环境对结果的影响。影响创业创新的环境因素主要包括产业和技术、组织、制度和政策、社会、时间、空间等维度（见表1-1）。

表1-1 创业创新分析框架

分析维度	关注要点
定义	专注于激进式创新

① 王昌林. 大众创业万众创新理论初探［M］. 北京：人民出版社，2018.

② Autio E., Kenney M., Mustar P., et al. Entrepreneurial innovation：The importance of context［J］. Research Policy, 2014, 43（7）：1097-1108.

续表

分析维度	关注要点
创新	生态系统的共同创造和演变
个体角色的作用	个体或团队在环境中运作，环境包括社会网络、制度网络、行业网络、组织网络、时间网络和空间网络
环境	在多维度环境中的机构
机制	多层次、多作用者的过程
模式和组织形式	嵌入在网络中的创业公司
观点	创业者和生态系统交互作用
分析单位	多单位分析：环境和个体
政策重点	促进创业生态系统的发展
融资	多层次、多维度和公司联合基金及基金中基金

资料来源：根据 Autio E.，et al. Entrepreneurial innovation：The importance of context 编辑修改。

一是产业和技术环境，比如，在产业生命周期模型中，创业活动最容易发生在早期，技术环境中，技术平台对企业层面创新活动的影响越来越大。

二是组织环境，体现了组织文化、行为、经验、知识和技能效应的影响。Agarwal 和 Breguinsky（2014）[1] 探讨了在不同组织环境下不同创业者的知识类型。

三是制度和政策环境，区分官方和非官方制度。官方制度包括产权保护、市场进入规范、依法治理以及与同前雇主竞争的规则。在一定的地区和国家内同样也会有一系列的官方制度，如风投资本家、律师、会计师等协助创业公司成立并成长的专业人士，Kenney 和 Patton（2005）[2] 称之为"创业支持网络"。非官方制度包括文化、社会准则和同行影响。

四是社会环境，创业者、贸易伙伴、金融家、现有企业所构成的网络是

---

[1] Agarwal R.，Breguinsky S. Industry evolution and entrepreneurship：Steven Klepper's contributions to industrial organization，strategy，technologicalchange and entrepreneurship［J］. Strategic Entrepreneurship Journal，2014.

[2] Kenney M.，Patton D. Entrepreneurial geographies：Support networks in three high-tech industries［J］. Economic Geography，2005，81（2）：201–228.

如何改变创业学性质的。

五是时间环境，一个产业的出现、增长、成熟和衰落是一个时间维度。Feldman 等（2005）[1] 研究指出，就新产业集群的发展来看，创业生态系统也是在不断变化的。由创业成功而引发的演变进程推动了地区制度和文化变革。

六是空间环境，支持乃至鼓励创业行为的制度、政策以及社会准则在空间层面上的集中。

基于已有文献的研究，本章针对创新创业载体的服务体系做了如下分析表，研究认为，创新创业载体服务体系主要包括技术服务、创业服务、投融资服务、知识产权服务、市场运营服务等，其中知识产权服务是重要组成部分之一（见表1-2）。

表1-2　创新创业载体的服务体系分析表

序号	分析维度	关注要点
1	机构	众创空间、孵化器、大学科技园等
2	要素	人才、资金、技术
3	机制	协调机制、动力机制
4	服务	技术服务、创业服务、投融资服务、知识产权服务、市场运营服务
5	环境	创新文化、制度环境、政策环境

第三节　创新创业载体的知识产权服务体系的理论分析框架

通过上述文献分析可知，目前针对关于创新创业服务组织的知识产权服务的相关文献较少，理论与实践工作都在探索中，本节旨在从区域创新创业

---

① Feldman M., Francis J., Bercovitz J. Creating a cluster while building a firm: Entrepreneurs and the formation of industrial clusters [J]. Regional Studies, 2005, 39 (1) 129 - 141.

载体建设角度分析知识产权服务体系状况，以便更好地促进区域创新创业发展。

研究认为，创新创业载体的知识产权服务体系应重点关注知识产权的服务模式、服务类型、服务内容、服务岗位与人员配备等方面。总体来看，创新创业载体的知识产权服务体系与一般的知识产权服务体系（见表1-3）有所不同，区别在于：一是从区域创新创业载体发展看，载体的注册时间、规模、人员数量、产业领域、享受政策、资质获取及所处区域都需关注，本书重点关注产业领域、政策、资质以及所处区域；二是载体知识产权服务体系与一般的知识产权服务存在不同，载体的知识产权服务体系更具有公共性、创新性、系统性。由于载体主要是为中小创新创业企业做服务，其公共性较强，因此更侧重公共服务的提供；又因为载体内各类中小微企业众多，需求多样，因此更侧重知识产权服务的多样性和系统性；同时这类知识产权服务要创新服务模式，为载体内的中小微企业做好服务。本书构建的理论分析框架见图1-1。

表1-3　创新创业载体的知识产权服务体系分析表

序号	知识产权服务体系	具体涵盖内容
1	服务模式	自行服务
		委托市场服务机构（知识产权代理机构/律师事务所）
		自行服务和市场服务机构皆有
2	服务内容 知识产权创造 知识产权运用 知识产权管理 知识产权保护	举办讲座
		推荐服务机构
		提供咨询
		代写申请文件
		协助制定知识产权战略
		协助对接技术转移单位
		直接参与处理纠纷
		协助起草或审核知识产权合同
		协助制定知识产权管理制度
		协助申请各项补贴减缓

续表

序号	知识产权服务体系	具体涵盖内容
3	服务形式	直接资金支持
		政府购买服务形式的支持
		智力资源支持
		数据信息支持
		人员培训形式的支持
4	服务人员	参与知识产权工作时间
		知识产权相关证书取得情况
5	服务岗位设置	专职/兼职
		设立部门

资料来源：本书作者分析。

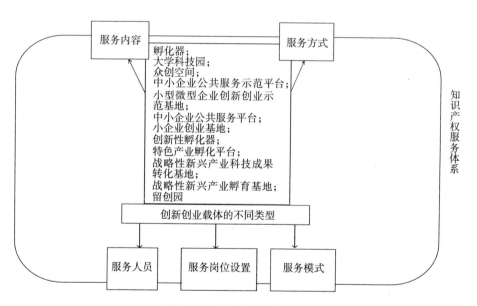

图1-1 本书分析理论框架

第二章 国内外创新创业载体及知识产权服务概况

第一节 国外创新创业平台知识产权服务经验启示

国外著名的创新创业平台，主要为大学科技园、孵化器和众创空间三种类型，本章分别选取美国、英国各类型双创平台 2 家及以上作为主要研究对象，简要阐述其基本情况、盈利模式、服务内容，再针对知识产权服务相关内容进行详细研究，如服务模式、服务内容等方面。

（一）国外大学科技园的知识产权服务情况

大学科技园在不同国家的名称存在差异，美国称为大学研究园（research park），英国则称为大学科学园（science park），但其性质与中国所说的大学科技园基本相同（下文统称为大学科技园），是一个科技组织的群体，位于校园之中或周边，受益于大学的科研基础，并将知识转换给科技园的企业。

1. 威斯康星大学研究园（University of Wisconsin - Madison Research Park）

该研究园位于威斯康星大学麦迪逊校区，是全美国最成功的研究园之一，是整体创新化商业化的集聚区。威斯康星大学研究园知识产权服务情况如下：威斯康星校友研究基金会（WARF）是由威斯康星大学（UW）生物系教授

Harry Steenbock 博士与其他 8 个校友于 1925 年发起成立的专门管理 UW 研究园专利事务的机构。在法律上 WARF 是完全独立于威斯康星大学的非营利法人，主要通过与 UW 签订协议的方式，专门从事 UW 的知识产权管理，特别是负责 UW 的技术转移工作。其任务是推动 UW 研究成果产业化，在实现科研成果的市场价值并造福社会的同时，通过技术许可为 UW 的科研活动提供经费支持的同时不干预经费的用途，从而确保大学的科研创新活动的持续性和独立性。

WARF 设有知识产权管理部、信息部、技术和市场分析部、投资分析部、金融财务部、专利顾问部、合同部、许可部、管理部等专业部门，目前有专职工作人员 70 多人，均是各领域具有丰富经验的专业人员，他们分别熟悉医药健康、物理、生命科学等多种学科领域，精通该领域内知识产权和技术转移的各项知识。他们当中大多数都具有丰富的实际工作经验，对业务的操作流程十分熟悉。

WARF 知识产权管理部门的工作流程主要有收集研发信息、披露发明、签订专利权属和收益分配协议、专利申请和专利信息发布、专利许可谈判、收益分配等。

威斯康星大学及科技园内所有企业都可在 WARF 寻求知识产权服务，其中又有明确的知识产权相关责任分工部门，分别负责每部分流程的办理和跟踪，不仅涵盖了知识产权创造、管理、运用和保护的环节，还包括成果产业化、市场融资等后续环节①。

2. 斯坦福大学研究园（Stanford Research Park）

斯坦福大学研究园位于加利福尼亚州，建于 1951 年，作为斯坦福工业园区，它是世界上第一个以技术为本的办公园区。早期创业企业还包括惠普、通用电气和洛克希德。该园区在 El Camino Real 南部 Page Mill Road 周围的一

---

① 世界十大著名科技创新园区，http：//www.360doc.com/content/15/0324/08/2198695_457572291. shtml.

个地区占地 700 英亩（2.8 平方公里）。目前由 1991 年成立的斯坦福管理公司负责管理大学的财务和房地产资产。园区有 162 座建筑，拥有 23000 名员工，为 140 家不同的企业服务。斯坦福大学创办了科技园，但其本身并没有以任何实体的形式直接参与企业的经营与运转，只是扮演了推动者和支持者的角色。大学早期主要通过兴建实验室、办公用房和轻型生产基地为入园企业提供服务，同时收取厂房租赁费和服务费。大学研究工作实验室免费向园区企业开放，作为回报，学校分得这些企业的部分收益。

斯坦福大学（硅谷）研究园，成立了技术许可办公室（office of technology licensing，OTL），专门为创业者和研究者提供知识产权管理、合同签署及专利申请服务。是法定的知识产权管理部门，负责管理大学的知识产权财产。OTL 是由 Niels Reimers 创建于 1970 年，至今已有 37 年历史。其职员从建立之初的 1 人发展壮大到 29 人。其中负责许可工作的许可员有 8 人，高级许可员 4 人，普通许可员 3 人，版权许可员 1 人。负责专利业务的许可员都有专利代理资格、理工科硕士以上学历、一定的商业经验。

斯坦福大学与研究园区内的企业合办研究院，并建立起 50 个研究中心。这些研究中心成为斯坦福最新科研信息流向产业界的重要渠道。比如，科恩—包耶尔基因转接专利就是斯坦福大学研究院向生物制药公司转让的。一旦有企业对研究中心的某项专利感兴趣并有实施的意向，OTL 将与之接洽、谈判，结合该专利的技术水平、未来发展趋势，双方在许可合同中确定许可范围、期限、后续开发技术的使用，后期还会进行监督。

OTL 针对研究人员和创业者设定了相应的知识产权服务模式，对于科研人员或创业者个人申请的专利一般流程包括披露发明、分配许可员、评估发明、专利申请、专利行销和收益分享，许可费由 OTL 进行管理和支配①。

3. 剑桥科技园（Cambridge Science Park）

英国剑桥科技园是世界上公认的最重要的技术中心之一，占地面积有

---

① 美国大学科技园，https://wenku.baidu.com/view/5f65e3254431b90d6c85c7b1.html.

140英亩，是剑桥大学引导的集研发和生产于一体的高科技企业聚集区。英国剑桥科技园成功将剑桥研发价值最大化，并不断催生新企业诞生，引导企业聚集。剑桥科技园在企业孵化方面方式多样，但主要注重发挥自身核心优势以及搭建完善的服务平台。一是吸引外部资金。吸引了甲骨文、日立、施乐、微软、东芝等外部企业投资，引入各类风险投资公司及提供研究资金支持。二是校企人员互动。联合培养本科生级研究生，教员和产业界专家互动培训等。三是咨询服务。成立圣三一中心：提供会务场所、用餐设施，帮助企业发展高技术、开拓市场、提供多种多样的咨询服务。四是对接服务。成立沃夫森产业联络办公室：协调产业界和学院关系，提供技术咨询、市场分析、牵线搭桥到待拟具体的合作条款等全方位服务。五是政府的优惠政策。园区政府提供资金、税收法律等方面的优惠政策；与数十家银行联合推出的"小企业贷款担保计划"；英国政府计算机辅助设计中心的长期资助；医学研究理事会20世纪50年代就对生物技术研究提供资金资助。

其知识产权服务主要体现在：剑桥企业中心（Cambridge University Enterprise），是剑桥大学全资公司，具有独立法人资格，代表剑桥科技园负责专利申请和技术转移工作。目前，剑桥企业中心共有技术转移部、咨询服务部、种子基金、创新风险基金4个部门，中心拥有40人左右的专业团队，管理超过1000个科学技术项目，管理持有60个以上初创企业股权。企业中心机构设置健全，分工明确，流程严谨，为技术成果成功走向市场开辟道路、保驾护航。

剑桥企业中心技术转移部最主要的工作是知识产权管理，包括代表剑桥大学申请专利、进行项目评估，开展市场调研，寻找商业化伙伴，代表发明人与合作商家进行技术对接、协商谈判，同时撰写合同协议等。企业中心是剑桥大学所有知识产权专利的法定申请人和拥有人，每年收到200多份商业计划申请，经过严格的程序对技术成果的市场价值进行研判，最终在1个月内决定是否申请专利，每年企业中心的专利申请量大约20件，只占总申请量的 1/10，确保申请专利的高品质和专利成本的合理控制。

（二）孵化器或加速器的知识产权服务情况

世界上首个企业孵化器的创办者，是美国的曼库索（Joseph Mancuso）。当时，纽约贝特维亚当地最大的设备制造商 MasseyFerguson 倒闭，曼库索的家族集团接手了倒闭的大楼①。曼库索没有选择传统的经营模式，而是把大楼分割成很多小单元，以较低价格分租给不同的小微企业，并提供融资、咨询等相关创业服务，并将这种独创的经营模式命名为"孵化器"（Incubator）。最初的五年，这类孵化器创造了数以千计的就业机会②。20 世纪 80 年代，孵化器在美国大量涌现，并传播到欧洲、亚洲等地。据美国企业孵化器协会（NBIA）统计，全球范围内约有 7000 家孵化器。亚洲由于集中了目前世界经济发展最快的国家，全球孵化器总数的 1/3 都在亚洲，而中、日、韩三国的孵化器发展尤为繁荣。

加速器和孵化器最核心的区别在于，孵化空间是否具备帮助创业者快速成长的能力。具体表现在以下三个方面：一是加速器都有能发挥实际作用的导师（Mentor）系统，导师在加速器不是挂名，而是要切实发挥作用，能给创业者很多具体的指导和帮助；二是加速器一般都对接了较丰富的大企业生态，方便入孵企业与大企业联合和做业务对接；三是加速器更注重校友文化，由于加速器一季入孵的企业一般只有二三十家，所以入孵企业与加速器的运营人员、入孵企业之间会建立深厚的家人文化。加速器是美国最成功的孵化空间，数量极少，只占硅谷地区孵化空间的 5% 左右。美国福布斯榜排名前十的孵化空间包括 Y Combinator、500 Startups、RocketSpace 等。

1. Y Combinator

2005 年，Y Combinator（简称 YC）由保罗·格雷厄姆（Paul Graham）

---

① 黄逸飞. 国外孵化模式与国内孵化器发展路径的思考 [J]. 华东科技，2012（5）：66-68.
② 谢艺伟，陈亮国. 国外企业孵化器研究述评 [J]. 科学学与科学技术管理，2010（10）：125-130.

在硅谷发起成立。YC 凭借创始人个人魅力，以及孵化出的存储服务公司 Dropbox、开创共享经济模式的房屋短租界巨头 Airbnb，吸引了大量关注度。6 年间，YC 孵化了 300 家创业公司。在 2012 年《福布斯》网络版"十大美国创业孵化器与加速器"的排行榜中，YC 位居榜首。YC 为初具想法的团队提供天使投资，通过"训练营"为他们提供创业辅导，举办"办公时间"和"晚餐"两种演示日活动方式，为创业者与投资者建立联系，并搭建天使投资网络，获得更多的融资机会。2012 年，YC 孵化企业的总价值已达到 77 亿美元以上，但这家孵化器属于虚拟性孵化器，其不为初创公司提供办公场所。YC 通过向初创公司投入种子基金并提供训练营等服务，来换取初创企业的股份，在初创企业上市或被其他企业并购时退出并获利①。

在创业企业未注册前加入 YC，会要求签订有关协议，其中 YC 将有责任保护企业已具备的知识产权。YC 会为初创期企业寻找合适的律师，解决知识产权相关问题。Y Combinator 宣布成立研究实验室 YC Research。实验室旨在研究需要投入巨大时间成本的开放式问题，以及那些不应该被任何一家公司掌握的技术。YC Research 是非营利性质，其开发的知识产权免费向所有人开放。YC 还创建了 The PatentPledge. Org 网站，为初创期企业提供知识产权的维权服务，倡议不要对少于 25 人的创业公司首先提起软件著作权诉讼。其知识产权服务模式主要是 YC 帮助企业解决知识产权初期战略布局等②。

2. 500 Startups

500 Startups 的创始人是 Dave McClure，一个从来不穿正装、只穿 T 恤衫和牛仔裤的天使投资人。他帮助过美国著名投资人 Peter Thiel 的 Founder's Fund 管理种子基金，也管理过一个主要投资 Facebook 平台早期应用的基金 FFAngel Fund。2010 年起，Dave McClure 成立了 500 Startups，机构含义是要

---

① Y Combinator, https：//www.ycombinator.com/.
② 项国鹏，俞金含，黄玮. 科技企业加速器运营机制国际经验及对我国的启示［J］. 科技进步与对策，2016（20）：30-36.

投资并孵化 500 家创业公司，而实际上他们早已完成了目标。目前 500 Startups的官方网站显示，该平台已孵化超过 1000 家公司，涉及 50 个国家，2000 只基金，拥有 70 人的管理团队、2000 名投资人和导师。这家机构的国际化特色渗透到了每个细节中①。

对孵化企业提供的增值服务较多，包括客户获取、网络营销，帮助企业制定与业绩评估有关的指标，帮助他们学会评估业绩。之外，500 Startups 还会把入孵企业介绍给硅谷其他导师、投资人，在设计、用户体验等方面对这些企业给予指导。定期举办演示日，让初创企业有机会上台宣讲展示自身，力争在最短时间内打动投资人。

总体看，500 Startups 的特点是导师、合投、种子投资以及开放。聚集了200 多位导师；项目通常采取合投的形式；筛选入孵的项目都会给其种子投资；注重全球布局，喜欢投资有国际化思维的创业者，并且非常注重网络营销。500 Startups 的盈利方式也比较多元，其收益一部分来自基金管理费（即投资人将钱交给 500 Startups 管理，后者收取管理费，占 1/3），一部分来自加速器计划费（向参加加速器计划的初创企业收取），一部分来自会议活动组织费、赞助费。

3. RocketSpace

RocketSpace 于 2011 年在旧金山成立。孵化器 RocketSpace 已成功孵化出Uber 等八家独角兽公司（即市值超 10 亿美元且未上市的公司）。RocketSpace每月都会从 100 家申请者中筛选出 20 家左右入孵。区别于一些孵化器平价甚至免费提供场地和服务的方式，其不但向初创公司收取租金，并且该租金还是市价的近三倍，它最大的特点是整合资源，做生态系统，其很多合作方都是大公司②。

目前，RocketSpace 网站显示已孵化 175 家创业公司，募集来自会员和校

① 500 Startups, https：//500. co/press/.
② RocketSpace, https：//www. rocketspace. com/.

友的资金 47 亿美元，全球合作伙伴拓展至 60 家。RocketSpace 会把毕业的创业公司加入企业图册，目前已有十几页，第一个入孵企业就是赫赫有名的Uber，而知名的加速器 500 Startups 也曾在此入孵。RocketSpace 最大的会议室是楼道，有一张长条桌，如果到访者太多，就在楼道里进行交流。RocketSpace 的创始人在创办这家孵化器之前，已是成功的企业家，并成功从上一家公司获得 7 亿美元回报。RocketSpace 收入来源比较多元化，盈利模式是"租金+大企业咨询服务+其他国政府委托的项目和其他国出钱孵化的项目"。目前孵化器有十几个人的全职团队，工作内容是为大企业创新做咨询服务方案，而这项收入也占了孵化器总收入的一半。

4. Startupbootcamp

Startupbootcamp 成立于 2010 年，是一家全球领先的加速器公司，并拥有行业集中组成的全球网络和加速器，其致力于为初创公司找到他们专注的领域里的最相关的合作伙伴、投资者和导师组成的国际网络。Startupbootcamp现在有 11 个加速器项目，并在阿姆斯特丹、柏林、哥本哈根、埃因霍温、伊斯坦布尔、伦敦、巴塞罗那、迈阿密、纽约和新加坡 10 个地方开设分部。导师和校友资源超过 30 个国家。通过创业大赛，从数百家申请人中挑选 10 家小的金融科技公司，并给予免费的办公场地，获得 100 多企业家、投资者和合作伙伴的专业指导，1 万多英镑的现金投入，以及 45 万英镑的合作伙伴服务，投入相当天使轮的投资。同时，获得在超过 200 家天使基金及投资人面前的曝光机会，受邀参加 SBC 全球校友会计划。孵化器还将支持创新项目，寻找融资、公司成长等上述帮助。Startupbootcamp 已成功加速超过 350 家初创公司，其中有 80%仍然持续运营①。

---

① Startupbootcamp, https：//www. startupbootcamp. org/.

（三）众创空间的知识产权服务情况

1. WeWork

2010 年在美国成立的 WeWork 是颇受全球创新创业者欢迎的众创空间品牌，第一家 WeWork 位于美国纽约，专注于联合办公租赁市场。WeWork 最早于 2011 年 4 月向纽约市的创业人士提供服务。截至 2016 年 3 月，WeWork 在全球的 23 座城市拥有 80 个共享办公场所，分布在美国的纽约、波士顿、费城、华盛顿特区、迈阿密、芝加哥、奥斯汀、伯克利、旧金山、洛杉矶、波特兰和西雅图等城市，以及英国伦敦、荷兰阿姆斯特丹、以色列特拉维夫等。公司最初成立时，面积还不到 300 平方米。但公司成立近 1 个月后就实现了首次盈利，此后从未亏损。2014 年，WeWork 实现了 1.5 亿美元的营业收入，营业利润率达到 30%，市场估值超过 50 亿美元①。

WeWork 一般选择交通方便、地点合理，但能以较低租金租用的楼面，进行二次设计，将楼面设计为风格时尚、方便办公、可定制且社交功能较齐全的办公空间。之后以高于附近一般办公空间的价格租给各种创业者（公司或个人），并在租金差价中获利。在日常运营中，除了为各类创业者提供办公空间（办公室、会议室、娱乐设施、生活设施）之外，WeWork 还为创业者提供各种跟创业关系密切的活动，如定期举办社交活动，促进创业者之间、创业者与投资人之间的交流；充当中间人，为创业者之间、创业者和投资人、初创企业和成熟企业之间搭建业务或资本合作的桥梁；此外，还积极组织第三方创业服务机构，为入孵的创业者提供法律、人力资源等方面的培训活动等。

另外，在 WeWork 的各个楼层，有一周活动安排的通知，活动基本由第三方来进行组织，但对于创业者而言，能通过活动来获得信息，分享交流也

---

① WeWork, https://www.wework.cn/.

会有很大帮助。这是一种相对简单又容易复制的孵化模式，可以实现标准化快速复制。联合办公空间实际是一种创业地产，其核心是地产。以低价收购物业，再以高价转租，赚取房租差价是其主要的盈利模式。因此，WeWork的选址非常讲究，基本选择在很繁华的地段，几乎不会选择在较偏远的区域。而WeWork的空间设计匠心独运，每一楼层的空间布局都有所不同，匹配了相应的容纳人数。

空间规划上科学合理、务实高效。娱乐设施较为丰富，提供多种游戏设施，并设有免费咖啡、免费啤酒。服务创业者的同时又能让创业者感受到温情。同时，一栋楼只有"三个半"人维持日常运营，因此不可能提供重度服务，为解决服务方面的短板，他们整合了第三方。由第三方组织一些活动帮助在孵企业解决所需的税务、法律等问题，WeWork只提供场地并负责协调。联合办公空间的收费稍高于附近的一般办公空间，由于其常规配套服务完善，入驻率非常高，适合普通的创业者，或较成熟的创业者以及需要利用空间过渡的团队入孵①。

2. Plug and Play

Plug and Play技术中心成立于2006年，在全球拥有22个办公场所，约14000平方米的办公空间。总部位于美国硅谷的核心地带桑尼韦尔市，在硅谷创业和投资领域均有较强影响力。Plug and Play技术中心是一个国际性的企业孵化器，专业服务于高技术企业的初创和成长。

Plug and Play技术中心主要从办公空间、数据中心、引进投资和商务培训等方面向企业提供创业资源，帮助初创企业成功创业，并实现迅速增长。Plug and Play为企业构建投资对接网络，与硅谷当地的创业资源充分对接，全力为初创企业集聚当地优势的创业资源。通过组织风险投资公司、天使投资人、各类基金、大型企业和自身投资部门，构建了一个十分完善的投资者

① 谭敏，杨丹. 国外众创空间发展实践简考及启示［J］. 重庆行政（公共论坛），2018（5）：31-34.

结构。目前与该中心建立联系的投资机构有 150 余家，包括诺维斯特、红杉资本、巴特利风投等。此外还包括微软、甲骨文等一批大型企业。Plug and Play 技术中心的收入来源以服务收入为主，根据现有资料分析，至少包括以下几个来源：写字楼租金，数据中心服务费，研讨会及博览会相关费用，法律、财务、税务、招聘等商务服务费用以及创投收益①。

3. Here East

Here East 众创空间位于英国伦敦伊丽莎白女王奥林匹克公园，可自由共享知识与展示创造力的发源地。Here East 与全球老牌企业、全球知名公司合作，建立一个多层面的创新中心提供全套的服务、方案和支持，主要包括运动、科技、医疗卫生、时尚、智能城市等领域，帮助公司建立和发展。自 2012 年开始建立以来，Here East 被创新中心称为新数字生态系统的核心。2016 年的伦敦市长竞选也选择在这里举办。Here East 拥有 800 多名成员，孵化园区面积 68000 平方英尺，到 2018 年，园区预计创造 5300 个工作岗位。办公室的大小可以放置 4~30 张办公桌，有高速互联网和光纤通道。还有 170~250 人的活动空间，内部有自行车库、储物柜、淋浴、厨房、茶点和咖啡。主要以出租办公场地、出售产品化服务、投资初创企业为盈利方式②。

其知识产权服务主要体现在：提供教育方案、指导和定期的研讨会，侧重创业团队所需要的专业领域提供针对性教育服务。引进大学并促进学校科研发展③。Here East 的制造实验室提供工具，并支持创业公司产品研发和设计。在创业公司需要进行战略规划和业务执行时，提供相关领域的支持，包括对接各领域内的专家、法律资源、会计和品牌知识产权服务等，为创业公司提供各种形式的资金支持或对接投资资源。为创业公司提供机会，参与共

---

① Plug and Play, https：//www.plugandplaytechcenter.com/.
② 陈德金. 国外众创空间商业模式比较分析与经验启示［J］. 科学管理研究，2017（3）：110-113.
③ Here East, https：//hereeast.com/.

同合作、企业孵化和加速项目、研讨会和开发式创新挑战。其知识产权服务情况：Here East 的创新中心 Plexal 为园区内初创企业提供法律和知识产权资源的对接服务，并将服务产品化，即将最终形成的知识产权产业化，为初创企业获得投资，是专属于 Here East 的"专业服务套餐"。

第二节 国内创新创业平台知识产权服务情况

（一）国内大学科技园的知识产权服务情况

1. 复旦大学国家大学科技园

复旦大学国家大学科技园创办于 2000 年，2001 年 5 月经国家科技部、教育部联合认定为首批国家大学科技园。至 2007 年底，园区已建成具有孵化、研发、产业等功能的场所约 20 万平方米，入驻园区企业 300 余家，涌现出复旦微电子、复旦光华、复旦天臣、复旦水务等一批业界瞩目的高科技企业和一批创新创业精英。上海复旦科技园股份有限公司作为复旦大学国家大学科技园的运作载体，具体承担科技园的建设和管理。公司由复旦大学、上海杨浦科技投资发展有限公司、上海陆家嘴金融贸易区开发股份有限公司、上海上科科技投资有限公司、上海市科技创业中心、上海新杨浦置业有限公司六家股东投资组建，注册资本 1 亿元人民币①。

园区为入驻企业提供：法律咨询、财税咨询、场地会所、担保融资等服务。代理或协助企业申报"高新技术成果转化项目"、"高新技术企业认定"、企业申报新产品计划、火炬计划、星火计划及企业申请专利等；对引进企业的知识产权中介人进行奖励；为符合条件的从业人员提供技术职称的评定服

---

① 复旦大学国家大学科技园，http：//www.fudanusp.com/.

务；代聘律师、审计师，代理企业财会工作；组织参加国内外商务考察、展销活动和商务洽谈；协助办理外协联系及寻找发展合作伙伴；提供各类政策法规咨询；为企业提供文印中心及中小型会议场所、企业沙龙等温馨服务；为企业提供周到的物业服务①。

2. 同济大学国家大学科技园

同济大学科技园是科技部和教育部联合认定的国家级大学科技园，于2003年成立，依托百年名校——同济大学独特的学科和人才优势、丰硕的科研成果和强大的科技实力而建立。同济科技园建立和完善了包括"创业苗圃—孵化器—加速器—产业集群"的四位一体的企业服务体系。上海同济科技园有限公司，由上海同济科技实业股份有限公司（60%）、上海同济资产经营有限公司（20%）和上海杨浦科技投资发展有限公司共同投资。截至目前，注册企业超过900家，其中建筑规划设计类相关企业40%，高新技术企业36家，新三板上市企业4家，2014年同济科技园主园区累计实现区级税收4000多万元②。

同济大学国家大学科技园知识产权服务主要分常规服务、专项服务和典型服务三种类型：一是常规服务。主要涉及专利、软件著作权、版权、商标等内容。免费知识产权讲座和活动（不定期），不定期安排讲座和咨询活动。落实科技补贴政策。二是专项服务。向企业推荐园区战略合作知识产权机构，以协定的优惠打包价进行代理服务。三是典型服务。知识产权宣传周活动。为加强知识产权宣传普及，提升同济科技园区企业的知识产权意识，进一步服务企业知识产权工作，鼓励企业成为知识产权创造和运用的主体，杨浦区2017年"4·26"知识产权宣传周活动系列同济专场培训于4月21日在同济科技园2楼会议室举行，同济科技园区60余家企业参加了培训。会议由杨浦

---

① 周文泳，周小敏. 国家大学科技园发展现状及问题分析——以上海地区为例［J］. 价值工程，2016（9）：182-184.

② 同济大学国家大学科技园，http：//www.tjt.cn/.

区知识产权局主办，上海同济科技园有限公司、上海同济科技园孵化器有限公司、上海同济技术转移服务有限公司承办。杨浦区科委知识产权局副局长王洪亮、同济科技园孵化器常务副总经理赵念出席会议。同济大学上海国际知识产权学院副教授曹丽荣老师就知识产权专利基础知识、专利申请文件准备、专利布局等主题向与会人员进行了细致辅导，并与企业开展了互动交流，现场气氛热烈。据了解，知识产权宣传周期间，将开展知识产权进园区进企业、知识产权系列宣传交流活动。旨在为大力宣传强化引导企业知识产权工作的政策措施、知识产权事业发展的成果以及企业加强专利权保护教育意识，以此促进知识产权的创造、运用和保护，在企业的生产经营全过程中生根发芽，推进企业自主知识产权文化发展。

（二）国内孵化器的知识产权服务情况

1. 上海漕河泾新兴技术开发区科技创业孵化器

上海漕河泾新兴技术开发区科技创业孵化器是由上海市漕河泾新兴技术开发区发展总公司全额投资并主管的，集大学生创业园、国际企业孵化器、留学生创业园为一体，以培育和支持创新型企业的发展，提升企业自主创新能力，实现开发区产业集聚、规模扩展和能级提升为目的的创新创业服务机构。漕河泾开发区创业中心成立于 1997 年，现拥有逾 10 万平方米的创业基地，注册资本 6500 万元人民币。十年来累计培育科技企业 400 余家，成功率超过 91%，技术领域涉及信息、生物医药、新材料、光机电等。为孵化器企业提供工商登记、场地租赁等基本服务，高新技术企业认定、"千人计划"等人才项目、产品计划的申报等管理服务、技术服务、市场服务、培训服务、融资服务等①。

该孵化器的知识产权服务包括：及时传达有关科技政策信息，并提供政

---

① 漕河泾创业中心，http：//www.caohejingibi.com/.

策、法律等方面的咨询；定期或不定期举行培训、拓展、沙龙等活动。培训服务包括专业技术培训、企业管理培训、市场营销培训、政策培训、财务培训、税务培训、外语培训、计算机培训等；高新技术企业认定和复审、"千人计划"等人才引进类项目申报、创新基金项目申报、高新技术成果转化项目申报、自主创新产品认定、重点新产品计划申报、软件企业认定、集成电路企业认定、技术创新项目申报、企业诊断、协调企业与政府的关系、落实各项优惠政策等；在漕河泾创业中心的网站平台上对知识产权相关政策法规进行整理并摘要点公布，在孵企业可以根据需求及时查找相关政策法规。

为对孵化器内的企业提供知识产权服务，由上海市科协、上海科促会和上海市漕河泾新兴技术开发区总公司合作共建的知识产品（上海）集散中心，成立于 2007 年 12 月 27 日。知识产品（上海）集散中心集聚了共建三方的资源优势，一是依托政协科促会联系广泛、人才荟萃、地位超脱的优势；二是发挥漕河泾新兴技术开发区政策、技术、物流的区位优势，实现科技要素、服务集成和效益集成；三是依托市科协的各类学会，联合各界、整合资源，叠加政策优势；以交流促融合，以融合促创新，以创新促发展，全面打造了一个集"展示、交流、推介、评估、招标、融资、代理、培训、交易"于一体的综合服务平台，有效推动了区域发展，满足了企业需求。同时也开展知识产权沙龙、知识产权质押融资政策与实务等①。

2. 张江孵化器

伴随着于 1992 年成立的上海市张江高科技园区的不断发展，2008 年 8 月，上海张江（集团）有限公司设立企业化经营的上海张江孵化器管理中心，以建立企业孵化器为切入点，整合张江园区现有的孵化资源，推广全新的孵化经营模式。目前，上海张江孵化器管理中心直接管理的孵化空间超过 10 万平方米。新型孵化器运作模式以解决目前园区中小企业面临的共性问

---

① 科技企业孵化器建设之品牌建设——上海漕河泾新兴技术开发区科技创业中心［J］. 中国高新区，2012（9）：33.

题，帮助企业突破发展中的种种瓶颈，提高园区孵化企业成功率为根本出发点，将在提供集约式空间服务的基础上，整合现有政府扶持、产业联盟、公共技术平台及专家顾问等公共资源，提供包括企业入驻服务、人事服务、法律服务、投融资服务、企业认定、基金申领、管理咨询、市场拓展在内的一系列专业服务，并根据企业不同的发展阶段提供针对性的阶梯式服务。经过三年的全力打造，张江孵化器现已构筑起"预孵化器+孵化器+加速器"三位一体的全程孵化体系①。

其知识产权服务情况体现在：为企业提供商标、专利、著作权等方面知识产权服务，为企业建立商标、专利、专有技术、商业秘密等无形资产的立体保护体系，参与企业知识产权的申请注册、转让、许可交易，为企业进行相关法律风险的分析、策划交易方案、草拟相关法律文件，以及代理客户进行知识产权侵权调查、行政投诉和进行法律诉讼。

(三) 国内众创空间知识产权服务情况

1. 优客工场 (UR Work)

成立于 2015 年 4 月，由毛大庆博士发起成立。汇集了包括红杉资本中国基金、真格基金、俊发地产集团等数十个顶级投资机构。截至 2017 年，全球布局 18 个城市 66 个场地，目前已聚集了 1000 余家怀揣梦想的企业，拥有超过 3 万名会员。未来，优客工场将坚持全球化战略布局，计划三年内在全球32 座城市设立 160 个场地，为创新企业提供 10 万个工位，总办公面积预计达 70 万平方米，将为 5000 余家企业提供平台化服务②。

优客工场的投资布局涉及 FA 平台、人力资源、文化传媒、国际共享医

---

① 刘伟黄，紫微丁，志慧商. 企业孵化器商业模式创新描述性框架——基于技术与资本市场的创新 [J]. 科学学与科学技术管理，2014 (5)：110-119.
② 张玉明，毛静言. 共享办公空间商业模式创新及成长策略研究——以优客工场为例 [J]. 科技进步与对策，2017 (17)：1-8.

疗平台、互联网+体育旅游、知识产权保护、智能硬件、金融服务、创业加速教育和空间设计等领域，累计投资金额近 1 亿元人民币。目前，优客工场已完成 B 轮融资，投资后估值近 70 亿元人民币，成为中国联合办公领域首个达到独角兽级别的企业①。

其知识产权服务情况体现在：优客工场的知识产权服务模式主要是依靠第三方服务机构来进行，除了与第三方平台进行对接，提供线上与线下互相结合的服务方式，优客工场还为企业提供知识产权方面的咨询、沙龙培训、讲座等基础服务②。

2016 年 6 月，知识产权服务和运营平台知呱呱与"联合办公共享经济平台"优客工场（UR Work）正式签署合作协议，双方就知识产权服务与运营、知识产权金融、知识产权评估、创新成果信息推介等方面开展全面合作，促进知识产权服务与"共享经济"深度融合。7 月 2 日，知呱呱入驻优客工场阿里云社区，为优客工场所有用户提供专利申请、商标注册、版权登记等一站式知识产权服务。

2. 飞马旅

飞马旅是中国首家创业项目专业管理支持机构，飞马旅成立的宗旨是建立中国首屈一指的创新型创业项目服务公司，由袁岳博士担任飞马旅首任CEO。飞马旅由汉庭创始人董事长季琦、新东方教育科技集团董事长俞敏洪、美特斯邦威董事长周成建、分众传媒董事长兼首席执行官江南春、乐百氏创始人今日投资董事长何伯权、携程 CEO 范敏、Nautica 创始人朱钦骐、零点研究咨询集团董事长袁岳、3131 电子商务创新联盟主席杨振宇等多位成功创业家携手创立。目前已落地城市有上海、北京、深圳、宁波、南京、成都、厦门、长沙、苏州，创新空间面积约 30 万平方米，超过 2000 家企业入驻，最早运营的 3131 园区在 2016 年上缴税收达 1.8 亿元。创新空间帮助 661 家

---

① 优客工场：分享经济推动大众创业、万众创新 [J]. 互联网天地，2017（Z1）：56-58.
② 优客工场——全球联合办公共享办公平台众创空间，https://www.ucommune.com/.

企业完成注册，其中虚拟注册数 637、实际入驻企业数 265、实际入驻员工 5040 人[①]。

飞马旅还设有飞马基金和飞盟两个组织。飞马基金成立于 2011 年 9 月，是中国唯一一只由成功创业者、媒体管理机构、领先的信息研究管理咨询机构等共同发起创立，针对中早期创业企业的私募基金。其宗旨是除了投入资金外，把各自的创业经验与企业分享，在发展信息、商业伙伴关系、骨干人才配置、品牌形象塑造、管理规范化与政府和媒体关系协调等方面帮助创业企业更好地发展，培育新商业领袖，关注新一代企业家、未来世界级的企业。飞马基金使用合伙人模式，充分发挥各自的资源优势，与飞马旅创业服务机构系排他性合作关系。除飞马基金外，飞马旅还吸引了诸多国内外专业投资基金，组建飞马基金联盟（飞盟），飞马旅将协助创业企业与投资方实现多元对比的优化选择，实现真正意义上的双赢。企业在最终完成两轮融资后，就意味着完成了飞马服务之旅。

对企业提供的服务包括创业导师看报表，为企业提供一对一专项咨询服务、飞马服务沙龙及培训课程，协助解决运营问题及关键人才培训。服务体验设计及交互沙龙。金融服务包括对接各类金融贷款、FA 融资服务、爱创业众筹、期权激励计划。

3. 思微 SimplyWork

2015 年 1 月 1 日，思微 SimplyWork 在深圳诞生，是一家为全球有办公需求的小伙伴提供联合办公空间和综合办公服务的品牌。目前，思微 SimplyWork 在深圳已拥有 7 家成熟的联合办公空间，还有数个空间在同步开发中。

思微 SimplyWork 是目前深圳最具情怀的国际化联合办公空间。仅一年多时间，思微 SimplyWork 在深圳先后开辟了 7 个联合办公空间，遍布科技园梅林关以及西丽，共计 22300 余平方米联合办公场地，另有 3 个场地正在筹划

---

① 飞马旅，http://www.feimalv.com/.

中。截至 2016 年上半年仅 4 个空间开放，已有 300+创业团队共 2000+ "微友" 入驻思微 SimplyWork，思微 SimplyWork 已举办了 500+创业/社区活动，也吸引到 200+投资机构、200+合作伙伴、30+FA 机构和 18+创业支持平台与思微并肩奋战。2016 年 6 月，思微 SimplyWork 获得来自 IDG 资本、华住酒店集团、万科商产的 3000 万元 A 轮融资。思微 SimplyWork 联合办公空间除了为创业者提供舒适的办公区域外，还提供触手可及的国际创投资源、专业贴心的创业服务、热闹的创业社区、丰富多元的创业活动①。

除了办公空间等基础设施的服务，思微还致力于为入驻 "微友" 实现多样的需求对接：公司年检、法律咨询、财税代理、人事代理、人力招聘、投融资服务、运营服务、营销推荐、商务聚会、宣传设计、政策申请、创业辅导、政策顾问的具体服务，力求打造一个设施完善服务周全的国际化创业社区。

第三节　国内创新创业平台知识产权服务模式及案例分析

国内创新创业平台知识产权服务主要关注了北京、上海、广州三地，这三地的创新创业比较活跃。2015 年中国十大创业城市，上海位列之首，资本特别是青睐创业项目的风投高度集聚，创新和创业关注度较高。阿里研究院联合 36 氪等机构最新发布的 "移动互联网+" 中国双创（大众创业、万众创新）生态报告显示，在创业最活跃的互联网领域，上海拥有全国 19% 的互联网创业公司，仅次于北京。北京位于中国创业创新指数之首，同时氪指数中的服务平台分值也最高。北京地区每年超 23 万毕业生，创业已经成为首都大

---

① 思微，https://www.simplywork.cn/zh。

学生不可逆转的新就业渠道。这些中国最顶尖的教育机构加上最优秀的学生创业者，在北京传统的互联网和高科技创业氛围的感染下开始创业。

本部分借鉴亨利·埃茨科威兹的国家创新体系三螺旋模型①，构建平台—入驻企业—知识产权服务机构的知识产权服务模式三螺旋结构。并结合北京、上海、广州三地实地调研等实证基础上，总结了三种创新创业平台的知识产权服务模式，即平台自行服务模式、外部服务模式、组合服务模式，并对模式进行了比较。

同时，发现模式存在以下问题：政策重视程度不高、政策介入程度不够、前期评估工作不严谨、投资风险不共担、服务链条各环节分离等。

（一）创新创业平台知识产权服务框架构建

三螺旋理论概念于 20 世纪 50 年代初最先出现在生物学领域②。90 年代中期，纽约州立大学的社会学家亨利·埃茨科威兹和阿姆斯特丹科技学院的罗伊特·雷德斯多夫教授在三螺旋概念基础上提出了著名的官、产、学三螺旋理论，来分析知识经济时代下政府、产业和大学之间的新型互动关系③。该理论强调政府、产业和大学的合作关系，这三个要素都可成为动态体系中的领导者、组织者和参与者，各要素在运行过程中除保持自身的特有作用外，可以部分起到其他要素范围的作用，创造共同利益。三螺旋模型中的各要素代表一条螺线，每个螺线都在相互作用下，获得更大动能进一步合作，支持在其他螺线里产生的创新。由此形成持续创新流，共同发展④。后来研究人

---

① Etzkowitz H., Leydesdorff L. The dynamics of innovation: From national systems and "Mode 2" to a triple helix of University-industry-government relations [J]. Research Policy, 2000 (29): 109-123.

② 程波，陈辉，纪一鹏，李洋颀，张所鹏. 三螺旋模型的本科生创新体系探究 [J]. 高等工程教育研究，2016，26（3）：127-130.

③ 宋河发，曲婉，王婷. 国外主要科研机构和高校知识产权管理及其对我国的启示 [J]. 中国科学院院刊，2013，28（4）：450-460.

④ 蔡翔，王文平，李远远. 三螺旋创新理论的主要贡献、待解决问题及对中国的启示 [J]. 技术经济与管理研究，2010，33（1）：26-29.

员以三螺旋模型为基础，构建起多重视角下的创新生态系统，衍生出四螺旋、五螺旋模型等，揭示出模型中不同层次的内涵、结构和行为，以及各层次之间的相互作用[①]。

1. 创新创业平台知识产权服务三螺旋模型和运行机制

在创新三螺旋理论基础上，构建了双创平台—知识产权服务机构—入驻企业的知识产权服务模式三螺旋结构（见图2-1），运行良好的知识产权服务模式体系应由三要素与投资方共同参与、构成。且平台投资方、知识产权服务机构三方需构建完善的知识产权质量评估、价值识别和风险预判、规避机制，实现风险共担、利益共享，更好地为入驻企业提供对接准确的服务。

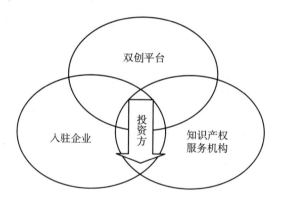

图 2-1　知识产权服务模式三螺旋结构

双创平台知识产权服务体系的组成部分包括：服务需求、服务主体、服务功能和服务内容等（见图2-2）。其中，服务需求分为需求方和需求内容两部分，服务链条中需求方为双创平台和平台入驻企业。需求内容包括直接提供解决问题的服务、推荐优质的市场服务资源、获得官方的服务资源等。服务主体分为服务人才和服务平台两部分，平台知识产权服务部门人员、专业

---

① 王向华．基于三螺旋理论的区域智力资本协同创新机制研究［D］．天津大学，2012：179–199.

知识产权代理人、企业 IPR 等在服务人才借助双创平台、知识产权服务机构和企业等服务平台,开展知识产权服务工作。服务功能按服务在各阶段的特点和需求,划分为前端、中端和后端。服务内容则是在服务功能的基础上将服务流程中各阶段的服务具体化,即工作对应的具体内容。

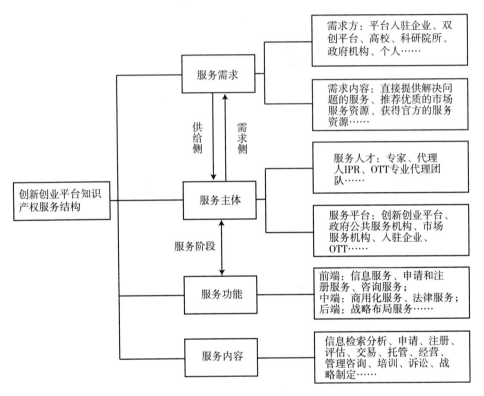

图 2-2　创新创业平台知识产权服务的运行机制

2. 运行机制各环节关系分析

在知识产权服务体系中,服务需求与服务主体互为供求双方,服务功能和服务内容则是服务体系具体职能的延伸。服务主体需根据服务需求中不同类别需求方(双创平台和入驻企业)的需求内容,结合服务功能中服务阶段的要求,提供的对接准确的人才团队和服务内容供给。四个结构模块共同组成知识产权服务体系，并在此体系中形成资源的循环和动能再生。

（二）创新创业平台知识产权服务模式及其比较分析

模式分析样本来源为实地调研和问卷调查。实地调研部分案例来源于北京、上海两地的多家双创平台、平台入驻企业、知识产权服务机构。其中，北京调研的案例包括极地国际创新中心、北京启迪之星、IC 咖啡等；上海调研的案例包括盛知华、上海启迪创业孵化器等。

1. 平台自行服务模式——内部知识产权部门/服务部门

平台自行服务模式指平台内部设立知识产权服务部门或将知识产权服务嵌套在其他服务部门，由平台为入驻企业提供知识产权服务的一种模式。从服务需求来看，服务需求方为平台入驻企业；从需求内容来看，平台为入驻企业提供直接解决问题的服务；从服务主体来看，提供知识产权服务的服务人才一般是平台内部的知识产权工作人员或者不定期聘请的知识产权方面的专家；从服务功能来看，平台自行服务一般提供简单的知识产权前端服务，包括知识产权培训、商标注册、软件著作权申请及咨询服务等。从服务内容来看，仅限于信息检索、申请、注册等。

平台自行服务模式案例——极地国际创新中心。极地国际创新中心成立于 2012 年，总部在北京，为国家级众创空间。10～20 家入驻企业在申请专利。现阶段主要是为中小微企业提供知识产权服务，主要是提供申请商标、软件申请、知识产权培训及咨询服务，不涉及知识产权诉讼、专利布局。从企业的需求来看，入驻极地的文创类企业和科技类企业需求很大。从时间来看，2012～2014 年需求较多，2015 年以后随着企业的发展转型，知识产权服务也在转变，商标注册服务需求减少。

2. 外部服务模式——第三方知识产权服务机构/公共知识产权服务部门

外部服务模式是指依托政府公共服务机构和市场机构来提供知识产权服

务。从双创平台入驻企业的需求角度出发，企业知识产权服务需求不能在园区或平台内得到满足时，可通过平台对接第三方知识产权服务机构，为企业提供服务。这种服务模式称为外部服务模式。从服务需求来看，服务需求方来自平台及其入驻企业；从需求内容来看，平台为入驻企业推荐优质的市场服务资源或政府公共服务资源；从服务主体来看，提供知识产权服务人员是平台外部的知识产权机构的专职知识产权工作人员；从服务功能来看，平台对接的外部资源提供知识产权前端、中端服务；从服务内容来看，可提供包括信息检索分析、申请、注册、评估、交易、托管、经营、管理咨询、培训、诉讼等较全面的服务。

不同平台的外部知识产权服务模式不完全相同，其共同点是都依托于外部资源，区别则体现在服务需求、服务功能和服务内容等环节，具体案例如下：

（1）同济大学科技园知识产权服务模式。

盛知华前身是上海市生命科学院的知识产权中心，后成为具有独立法人的知识产权管理与服务机构，主要是为同济大学科技园等高校双创平台提供全套的知识产权服务与管理、运营。其知识产权管理和服务模式完全借鉴国外技术转移办公室（OTL）。盛知华长期与大学、科研院所建立合作关系，为大学、科研院所的技术成果申请知识产权保护，其服务模式注重前期对技术的评估，设立严格的考核标准。从技术源头开始把关，参与知识产权产品成果转化的全程工作，包括专利申请、行销、转让许可、转化和诉讼等内容的完整的服务。

盛知华的服务模式借鉴国外高校的两种管理模式，行使了大学科技园技术转移办公室的所有职能。它与威斯康星大学的 OTL 模式和斯坦福大学的 WARF 模式基本相同，都是大学内设或外设的知识产权服务机构，具有独立法人资格。在人才梯队建设方面，盛知华具备复合型的管理人才。供职于此的代理人都是兼具理工、法律、管理等学科背景的复合型人才，已覆盖知识产权从技术产出到成果转化的全过程。同时，盛知华提供科学的管理流程和全方位的服务，如在专利管理中，具有发明信息收集、控制专利申请、积极推动专利实施、利益反馈全流程服务①。

（2）上海启迪创业孵化器。

该孵化器于 2015 年注册成立，2016 年 4 月 9 日正式开业，上海共有四家孵化基地。上海启迪之星的知识产权服务主要是对接外部第三方知识产权代理机构，与代理机构签订战略合作协议，为入驻企业提供优惠 10% 的价格。此外，上海启迪之星也外聘知识产权代理人为企业做定期培训。培训内容上，将知识产权相关优惠政策和知识产权知识结合起来，激发企业的参与热情。培训时间上，配合政府知识产权月的频率，定期开展针对热点知识产权问题的培训②。

现阶段上海启迪之星的知识产权服务内容主要包括培训、讲座、商标注册、专利申请等前端服务。在对接机构方面，上海启迪之星与上海光华专利事务所（主营业务为专利、软著和商标、知识产权法务诉讼）、上海靖丽信息科技有限公司（主营业务为与软件相关的服务及商标注册。其中软件服务很完整，包括软著申请、软件集成、双软认证等与软件相关的系列服务）、杨浦知识产权园（主要提供专利工作者培训）等政府公共服务机构和市场服务机构都建立了良好的合作关系。

3. 组合服务模式——内部知识产权部门/服务部门+第三方知识产权服务机构/公共知识产权部门

组合服务模式指内外部结合提供知识产权服务，即平台内部设立知识产权服务部门提供服务外，部分服务依托于外部的政府公共服务机构和市场服务机构。其中，与市场服务机构的合作形式为签订战略协议，平台入驻企业享受该机构一定比例的价格优惠。组合服务模式特征为将内外部资源的整合

---

① 上海盛知华知识产权服务有限公司，http：//www.sinoipro.com/.

② 启迪之星，http：//www.tusstar.com/.

运用，服务功能各阶段中不同服务内容对接的资源不同。

从服务需求来看，服务需求方来自平台及其入驻企业；从需求内容来看，平台自身为入驻企业提供知识产权服务，同时链接优质的市场服务资源或官方的服务资源；从服务主体来看，提供知识产权服务的服务人才包括平台专门的知识产权服务人员，或是外部的知识产权机构的专业知识产权工作人员或者政府知识产权服务人员；从服务功能来看，一般平台提供前端的服务，平台链接的外部资源提供知识产权前端、中端和后端服务；从服务内容来看，也较为全面，包括信息检索分析、申请、注册、评估、交易、托管、经营、管理咨询、培训、诉讼、战略制定等，组合服务模式案例如下。

（1）北京启迪"星知汇"模式和服务外包。

北京启迪模式及其服务内核特色是"星知汇"一站式服务。北京启迪之星成立于2004年，当前在孵企业超过1000家。目前其知识产权服务模式为：内部知识产权部门+第三方知识产权代理机构。值得注意的是，北京启迪之星内设的知识产权部门于2017年4月转型升级为"星知汇"一站式知识产权服务平台，并聘请了专业知识产权代理机构从业人员供职。"星知汇"提供的服务偏前端，如商标注册、专利、软著的申请等。而外包给市场服务机构的则涵盖了前端及中后端服务，包括知识产权的运用转化，诉讼代理，培训咨询和战略布局等内容。

北京启迪之星目前的知识产权服务仍处在初级阶段，其服务模式存在两大问题，首先，是对知识产权的前期评估工作不够深入。以专利为例，启迪之星在投资一项技术专利时，只简单判别其市场前景。对专利质量、专利文本质量、是否存在或可能存在侵权等问题，没有科学且严谨的评估，缺乏对知识产权风险的规避和有效处理机制，影响了后期的成果转化[①]。其次，启迪之星作为平台，未设立专利资金池。专利资金池概念是将平台，投资方和

---

① 宋河发，李振兴.影响制约科技成果转化和知识产权运用的问题分析与对策研究［J］.中国科学院院刊，2014，29（5）：548-557.

知识产权代理、服务机构三方资金都放入资金池中，按股权进行项目投资，以达到科技项目投资的利益共享、风险共担，引导各方重视知识产权的评估问题和风险防范问题。

（2）实证案例：IC 咖啡模式。

IC 咖啡成立于 2014 年，聚焦大电子信息产业、集成电路芯片、AI 等专业领域的众创空间。平台入驻企业目前拥有 18 个专利、30 个软著、5 个在申专利项目。IC 咖啡内部设立知识产权服务部门，提供如信息检索、商标注册、专利申请等在内的基础服务，其余服务均外包。相较启迪之星而言，IC 咖啡的知识产权服务侧重于外部资源的对接。2016 年起，IC 咖啡开始致力于专利保护池和共享池的建设，希望专利池能成为保护中小微企业技术的壁垒。由于平台规模较小，知识产权服务工作案例数量较少，IC 咖啡的知识产权服务工作开展并未成型，各方资源也未能交互调动，仍处在较低水平。

（三） 各模式比较分析

基于知识产权服务三螺旋结构，平台自行服务模式仅调动了双创平台的资源，是平台与入驻企业之间构成的知识产权服务；外部服务模式是平台作为桥梁搭建了入驻企业与第三方知识产权服务机构的服务渠道。组合服务模式调动了双创平台内外部的资源，是平台、入驻企业、第三方知识产权机构形成的较为完善的三螺旋结构。

具体从服务需求、服务主体、服务功能、服务内容来看，三种模式也都存在很大的不同。首先，如表 2-1 所示，三种模式在服务需求、服务主体、服务功能和服务内容方面有各自特征。其次，如表 2-2 所示，由于双创平台发展到不同阶段，入驻企业的规模、成熟度等会呈现不同特征。故将平台按发展过程分为三个阶段：第一阶段，平台为入驻企业提供用于办公的物理空间和基础服务；第二阶段，平台除办公场所外，同时为企业提供如资源对接等的事务性服务；第三阶段，平台为企业提供技术支持、人脉资源、成果转化等共享窗口，并参与企业管理、成长，发挥决策性作用。在双创平台—入驻企业—知识产权服务机构三螺旋要素作用下，平台发展阶段与服务模式关系呈螺旋曲折增长态势。

表2-1 双创平台知识产权服务模式对比分析表

服务模式	服务需求		服务主体		服务功能			服务内容
	需求方	需求内容	服务人才	服务平台	前端	中端	后端	
平台自行服务模式	入驻企业	平台提供直接解决问题的服务	平台内部知识产权工作人员；外部知识产权方面的专家	创新创业平台	√			信息检索、申请、注册等
外部服务模式	双创平台、入驻企业	平台提供优质的第三方资源	平台外部的知识产权机构的专业知识产权工作人员或者政府知识产权服务人员	第三方知识产权服务机构	√	√		信息检索分析、申请、注册、评估、交易、托管、经营、管理咨询、培训、诉讼、战略制定
组合服务模式	双创平台、入驻企业	平台提供直接解决问题的服务或是提供优质的第三方资源	平台专门的知识产权服务人员或是外部的知识产权机构的专业知识产权工作人员或者官方知识产权服务人员	创新创业平台、第三方知识产权服务机构、政府公共服务机构	√	√	√	信息检索分析、申请、注册、评估、交易、托管、经营、管理咨询、培训、诉讼、战略制定等

表 2-2　双创平台发展阶段和知识产权服务模式关系表

平台发展阶段	自行服务	外部服务	组合服务
第三阶段			特征：内外部结合，资源调动具靶向性，工作效率具高效性； 需求：双创平台，入驻企业知识产权前端+中端+后端服务； 问题：对接外部知识产权服务机构时存在信息不对称
第二阶段		特征："专业的人做专业的事"，服务需求、服务功能和服务需求等环节都有所拓展，服务较全面。 需求：双创平台，入驻企业知识产权前端+中端服务。 问题：①双创平台大多为初创企业，本身对知识产权服务专业度低，对第三方机构所提供的服务质量无法进行把控，导致入驻企业的服务需求得不到满足；②服务质量、态度、负责程度很大程度依赖价格来衡量；③双创平台合作的知识产权第三方服务机构数量有限，可供企业选择的范围较小；④外部服务代理人也多为法学背景人才，对入驻企业的技术特点和技术核心没有深刻认识，难以保证知识产权服务的质量	

平台发展阶段	自行服务	外部服务	组合服务
第一阶段	特征：①平台较了解入驻企业，沟通方便；②因时间、空间便利性，对于入驻企业的服务需求反应较及时。 需求：入驻企业知识产权前端服务。 问题：①平台知识产权服务人员非专职，多由其他服务部门人员兼职做知识产权服务，不够专业；②人员配备短缺，一般难以满足入驻企业需求；③囿于专业性，服务内容的广度和深度有限		

第四节　本章小结

　　本章梳理了国内外创新创业平台知识产权服务情况。国外著名的创新创业平台，包括大学科技园、孵化器和众创空间，分别选取美国、英国各类型双创平台 2 家及以上作为主要研究对象，简要阐述其基本情况、盈利模式、服务内容，再针对知识产权服务相关内容进行详细研究，如服务模式、服务内容等方面。其中，国外大学科技园选取了威斯康星大学研究园、斯坦福大学研究园、剑桥科技园的知识产权服务情况；孵化区选取了 Y Combinator、500 Startups、RocketSpace、Startupbootcamp 的知识产权服务情况；众创空间选取了 WeWork、Plug and Play、Here East 的知识产权服务情况。国内创新创业平台也是从大学科技园、孵化器、众创空间开展了知识产权服务情况的研究。其中，国内大学科技园选取了复旦大学国家大学科技园、同济大学国家大学科技园的知识产权服务情况；国内孵化区选取了上海漕河泾新兴技术开发区科技创业孵化器、张江孵化器的知识产权服务情况；众创空间选取了优客工场、飞马旅、思微 SimplyWork 的知识产权服务情况。

构建了双创平台知识产权服务框架并归纳总结三种服务模式，即平台自行服务模式、外部服务模式、组合服务模式。并对三种模式进行说明、案例实证和对比分析。总体来看，各模式都提供了相应服务，满足了入驻企业的部分需求。但调研中发现如下问题：一是企业主体与知识产权服务机构间信息不对称、风险不对等。企业的知识产权信息面相对较窄，无法判断知识产权服务机构的服务质量和结果，难以寻找到契合的知识产权服务机构。二是创新创业平台、入驻企业和知识产权服务机构三方利益相关度弱，导致前期的知识产权质量和价值评估工作不认真，后期的知识产权保护和维权工作不尽心。三是知识产权和技术转移转化的分离。知识产权服务模式目的是把技术转换化为盈利的产品服务和商业模式，但现在的知识产权服务模式不能解决专利质量评估问题、专利价格识别问题和专利风险问题，知识产权产品难以进入技术成果转化阶段。四是我国现行的科技创新政策法规导致知识产权服务中过度依赖专利发明人转化，而非依靠双创平台内部机构和专利池模式转移转化。

由此提出相关建议：一是加强对知识产权代理机构的考察。双创平台应提高对知识产权代理机构的认知能力和审核能力，并建立严谨、明确的合作准入机制。切实有效肃清企业与知识产权代理机构间的信息不畅，降低成果转化风险。二是设立知识产权投资与服务资金池。基于知识产权服务模式三螺旋模型，由平台牵线建立平台—投资方—入驻企业—知识产权服务机构专项基金，以股权投资形式参股，专款专用于知识产权成果转化。确保前期评估工作和后期转化、保护工作实现风险共担、利益共享。三是共建双创平台内部专利池。将知识产权产品的成果转化压力由专利发明人转至平台内部机构，让"专业的人做专业的事"。利用专利池的共享性，提高成果转化的时效性和精确性。

第三章 北京创新创业载体的服务
体系发展特点及趋势

大众创业、万众创新蓬勃兴起，热潮不断，这与各具特色、富有活力的创新创业生态体系密切相关，综观国际，无论从美国的硅谷、洛杉矶硅滩到日本筑波，还是从英国伦敦到以色列特拉维夫，创新创业高地总能引起世人关注，研究实践表明创新创业成效关键在于是否具有良好的创新创业载体的服务体系。

本章以北京众创空间和孵化器等创新创业载体发展为例，在第一章的理论框架分析基础上，重点分析了北京创新创业载体的所有服务体系的发展特点及未来趋势，从服务体系视角提出促进北京创新创业更好发展的对策建议，为打造创新创业升级版提供决策咨询参考。

第一节 北京创新创业载体的服务
体系发展特点及趋势

根据北京众创空间联盟和北京中企科创新经济研究中心发布的《2016 年北京市众创空间蓝皮书》数据显示，截至 2016 年 7 月，被调查的 162 家众创空间总运营面积 203.3 万平方米，从业人员 6364 人，分别是 2015 年同期的 3 倍多；累计入驻创业企业及团队 14620 家，其中近 1 年内入驻 10003 家，是

2015 年同期的 2 倍多；累计吸纳社会就业总计约 14 万人；入驻企业拥有知识产权 11616 项，其中发明专利 1982 项、软件著作权 5695 项。

（一）从要素维度看，人才、资金、技术都呈现出鲜明的特点

一是从人才要素看，高素质成熟人群为主流，创新创业更趋理性。众创空间和创业企业的创始人多数为高素质人才。表现在：其一是企业管理人员创业最多。众创空间和创业企业的创始人中有企业管理背景的分别占 76.5% 和 59.1%。其二是创业年龄趋于成熟。众创空间和创业企业的创始人在 30 岁以上的分别占 93.8% 和 75.1%，众创空间创始人中 40 岁以上的超过 50%。其三是创始人学历较高。众创空间和创业企业的创始人学历较高，本科以上的均占九成，硕士以上分别为 61.7% 和 31.6%。其四是创业动机更趋理性务实。众创空间和创业企业的创始人创业动机更趋理性务实，追求梦想、实现自我价值仍为主要动机，占比分别为 64.2%、64.2% 和 57.1%、68.6%，同时把握市场机遇和寻找产业痛点也成为重要因素，占比分别超过 60% 和 50%。

二是从资金要素看，民间投资起到了决定性作用。2016 年上半年，全市共有创业投资和私募股权投资管理机构 3942 家，管理资金总额超过 1.6 万亿元。2016 年上半年，北京天使投资持续增长。北京地区发生 379 起天使投资案例，同比增长 9%，占全国 46.3%，披露金额 23.41 亿元，占全国 45.1%。北京创业投资持续增长。清科研究中心统计数据显示，2016 年上半年，北京地区创业项目融资笔数和金额相比上一年实现同步增长。创业投资 403 起，同比增长 21%，占全国 31.9%，金额 283.91 亿元，占全国 48.54%，位居全国首位。投中研究院数据显示，2016 年上半，北京创业投资及私募股权投资市场完成募资基金规模达到近 3 年的峰值，民间投资意愿强烈，优客工场、36氪、大唐网络等平台吸引社会投资总额分别达到了 4.5 亿元、5 亿元和 4.91 亿元。中关村创业大街已实现总融资额 33.88 亿元，与开街第一年相

比，实现融资额增长 18.88 亿元，同比增长 25.9%，累计孵化创业团队超过1000 个，获得融资的团队 483 个。

三是从技术要素看，北京的众创空间仍以商业模式创新为主，硬科技创新相比深圳仍然较弱。在商业模式创新方面，发现基于互联网应用的商业模式创新型多。其一是互联网与生活的融合。其二是依托互联网技术，形成具有共享经济的商业模式。如优客工场用互联网模式革新传统办公场景，率先实现智能化办公和无人值守运营管理，全方位服务直击会员核心需求的商业模式，契合了培养和建设现代化新经济模式的发展趋势。在硬科技创新方面，主要有敏捷制造快制中心，该众创空间成立于 2015 年 6 月，由北京硬创梦工场科技有限公司（股份制）运营，以工业设计、加工测试等全套敏捷制造设备为核心，整合智能制造产业链资源，打造了全国首家独具特色的"北斗七星全链条"垂直领域科技服务平台：敏捷制造快制中心—产品创意/工业设计—技术研发/方案设计—检验检测/标准认证—产品中试/中小批量—协同创新/科技服务—市场推广/品牌提升。通过一站式北斗七星服务生态，引入大量国际顶尖的高端制造技术。

（二）从机制维度看，市场化机制、产业融合、开放共享成为重要的机制特征

一是众创空间市场配置资源的决定性作用突出。由于北京大力推进"放管服"改革，市场主导的双创生态体系带动了民间投资持续活跃。通过加大简政放权力度，在商事制度、开放合作、金融创新等方面，与国家有关部门共同推动开展了 30 余项改革举措，支持市场主体"自主探索、自我管理、自律发展"，用政府的"减法"换市场的"加法"，民间投资获得了更多的空间和活力，成为双创主力军。被调查的众创空间中 90.7% 的众创空间运营主体为企业，79.5% 为民营企业。

二是双创与各产业融合，广泛覆盖和渗透各领域，成为培育新动能的重要渠道。众创空间投资项目四成左右聚焦新兴产业，六成左右集中在服务业。服务业中，八成以上的项目涉及互联网+领域，生产性服务业主要集中在企业服务（49.4%）、大数据（46.3%）、电子商务（32.1%）等领域，生活性服务业主要集中在教育（48.1%）、消费生活（41.4%）、社交网络（30.2%）等领域。在新兴产业方面，70%以上众创空间投资主要集中在智能硬件领域，20%~30%众创空间投资涉及新材料、新能源、节能环保、高端装备制造等领域。

三是越来越多的院所高校和大企业开放资源、搭建平台。清华、北大等10余所高校科研院所创办众创空间，是2015年的2倍；微软、腾讯、百度、京东、联想、大唐、航天科工、首农、普天、小米等16家大企业进入双创大军，是2015年的3倍多。越来越多的院所高校和大企业开放资源、搭建平台，成为新的重要力量。

（三）从服务要素来看，专业化能力不断提升

一是众创空间更加注重专业化发展，技术服务和市场运营能力不断提升。研发众包、大数据和技术人才服务等占比均在40%以上；市场营销和利用媒体资源分别较2015年提高50.9个和30.5个百分点，达95.7%和82.7%。

表3-1　众创空间服务深化情况

	2015 年	占比（%）	2016 年	占比（%）
技术服务	科研条件	20.9	技术研发众包平台	55.6
	线上服务	47.8	大数据	42.0
			技术研发团队	40.7
			科研设备硬件投入	28.4
			工程技术实验室	21.0

	2015 年	占比（%）	2016 年	占比（%）
创业服务	创业导师	89.6	创业导师	92.0
	创业教育培训	77.6	自有品牌课程	69.1
			训练营活动	65.4
投融资服务	融资服务	77.5	融资顾问	90.7
	自有天使或创投基金服务	67.2	创投基金	67.9
	众筹服务	47.8	股权众筹	40.7
市场运营	市场营销	44.8	市场营销	95.7
	利用媒体资源	52.2	利用媒体资源	82.7
	供应链服务	37.3	供应链管理	38.9
联合办公	办公场地	85.1	共享空间	92.0
	商务服务（公共秘书、会议室、车辆、餐饮）	62.7	第三方商事服务（注册、财务、法务）	87.0
	法务	74.6		
	财务	73.1		

资料来源：2016 北京市众创空间蓝皮书。

二是盈利能力有所提升，收入结构出现质变。被调查的众创空间盈利数量占比较 2015 年提高 3 个百分点，达 45%；服务收入占总收入的 54.5%，比 2015 年提高 9.4 个百分点，首次超过以房租为主的收入，成为主要收入来源。其中，技术服务和咨询服务收入占比最高，分别占总收入的 10.8% 和 10.5%。

三是知识产权服务专业化。基于数据的不易获得性，本章以专利萃取众创平台模式的案例展示知识产权服务的专业情况。专利萃取众创平台就是围绕重点产业发展的需求，通过对接高校院所以及企业，开展专利萃取工作，形成专利池，扶持企业开展基于专利的创新创业。这类平台的特点就是以专利萃取为核心打造创新创业生态空间。以贝壳菁汇专利萃取众创平台为例，贝壳菁汇专利萃取众创平台成立于 2016 年 3 月，是知识产权代理领域的"互联网+众创空间+专利运营"创新模式平台，为促进专利运营、科技人员下海创业和科技成果向中小微企业转移提供一站式服务。下设四个专业子平台："互联网+专利运营"信息平台、知识产权高端服务平台、知识产权金融平台、众创孵化平台。其中，信息平台可以实现找研发、找设备、找专家、找专利、找服务和找资金六大功能；知识产权高端服务平台提供专利检索、战略研究与分析、知识产权二次开发、知识产权预警、人才教育培训等知识产权高端服务；知识产权金融平台，可以为有自主知识产权的企业提供"知识产权+股权"质押融资服务，整合知识产权运营基金，推动知识产权质押、投贷联动等金融创新模式发展；众创孵化平台提供企业入驻、虚拟办公、培训辅导等创业服务。

（四） 从环境维度看，具有优越的创新文化和良好的营商环境

北京市积极落实国家部署，大力改善营商环境，开展系列促进创新创业发展的主要工作，推动大众创业、万众创新迈向更广领域、更深层次、更高水平。

一是发挥市场力量，引导社会主体，坚持自主探索、自我管理、自律发展的"三自"原则，服务创新创业。成立北京众创空间联盟。依托众创空间联盟，围绕创业价值链，引导社会主体构建全链条创业服务生态，在全国率先开展"北京市众创空间"备案工作。依托社会机构组织举办"首届众创杯中国·北京创新创业大赛"，搭建创业者与创新创业要素的对接平台。

二是简政放权，加快政府职能转变，将众创空间、产业联盟、中介机构等作为政府服务职能的延伸，为创新创业提供便捷优质服务。打造国内首个全要素创新创业"网上会客厅"，融合社会主体，提供上千项创新创业服务，成为政府服务小微企业职能的延伸。北京市工商局、国税局、地税局等部门、各区政府加大商事改革力度，全面推进"三证合一""一照一码"登记制度。

三是创新体制机制，发挥市场对资源配置的决定性作用，促进科技成果走出高校与市场对接，服务经济社会主战场。推动知识、技术、产品与产业

的深度融合。发挥大企业带动作用，促进企业之间资源开放共享，百度、京东、用友、小米等龙头骨干企业积极开放自身产业生态及大数据资源，建设开放创新平台，为创新创业提供专业精准服务，形成大企业带动中小微企业协同发展的产业创新生态群落。

四是强化北京市"双创"品牌对全国的服务输出，成立"首都创业导师志愿服务团"，汇集全市优秀导师资源，与有需求的地区进行对接。通过举办"中国·北京创新创业大赛"及开展各类社会化创业大赛、培训对接等活动营造有利于创新创业的社会氛围。实施"公众参与创新行动计划"，启动"北京创客科普季"，在全国率先引爆大众创业、万众创新的热潮，形成了创业投资机构、众创空间、创业企业等有机联系的创新创业生态圈。

第二节 存在问题及相关建议

（一）存在问题

1. 知识产权拥有量仍较低，科技创新能力尚需加强

高科技领域的创新创业仍显不足。

一是创业企业知识产权拥有程度仍然很低，拥有发明专利的企业出现下滑态势，仅有12.2%，比2015年下降6.7个百分点，表明大量创业企业的科技创新能力仍然不足。大多数创业项目仍处于产品成熟周期早期阶段，处于创意、原型实验、小规模生产或小规模推广阶段的创业项目占比多达81.9%。

二是从创业主要方向看，与互联网相关的领域依然是主力，而硬科技领域的创业依然有待提升。消费生活（占20.1%）、智能硬件（占18.2%）、大数据（占16.4%）等互联网相关领域为主要方向，而真正的高科技领域的生物医药（占9.3%）、节能环保（占5.7%）、高端装备制造（占5.7%）、新

材料（占3.5%）、新能源（占3.5%）等战略性新兴产业领域创业仅占1/4，仍需加强。

2. 专业化服务仍欠缺，盈利能力需进一步加强

众创空间服务同质化较多，综合竞争力还有待提升。被调研众创空间中九成以上服务都集中在培训（占99.3%）、投融资（占98.7%）、市场运营（占98.7%）、联合办公（占91.9%）等服务领域，科研设备（占28.4%）、工程实验室（占21.0%）、供应链管理（占38.9%）等专业化服务仍然较为欠缺。部分服务机构竞争能力偏弱，55%的仍然处于亏损状态，众创空间亟须探索符合自身特色的专业化服务模式，通过提升专业化服务质量和水平促进自身的可持续发展。

3. 高校院所大企业积极性还需提升，资源开放共享力度仍需加强

院所高校科技人员创业比例仍不高，仅占4.0%。虽然院所高校和大企业设立众创空间占比达18.5%，但与需求之间仍有较大差距。调查显示，超过六成众创空间对大企业资源共享和科技人员创业有强烈需求，五成左右需要院所科研资源开放及市场化供应链平台建设。

4. 创业主体政策需求多元，税收优惠政策最为迫切

86.4%的众创空间希望得到高新技术企业认定、投融资税费等税收优惠支持，57.8%的创业企业希望政府降低创新创业项目在融资后的税费。74.1%的众创空间对高素质、专业化人才需求强烈。此外，房租补贴、户籍、联合办公注册、政策辅导等需求也占五成以上。

（二）相关建议

1. 提升双创质量，强化科技创新支撑引领

引导双创更加关注技术创新，大力扶持硬科技创业。进一步释放政策红利，调动院所、高校科技人员创新创业积极性，做好市场和高校的有效衔接，

破解科技人员创业的障碍与难题。

2. 搭建专业平台，补足创新创业生态短板

支持社会机构自建或合作共建研发、设计、测试、技术转移、大数据、供应链、市场营销等各类专业平台，为创业企业提供从创意、设计到样品样机再到市场销售的全链条服务，提升创业成功率。

3. 推动资源开放，形成开放共享的良好生态

引导企业之间相互开放资源，促进企业间人才、资本、市场、供应链等的资源共享。支持大企业、高校院所、专业服务机构围绕自身所在行业领域构建开放共享的产业生态，推动产业转型升级，带动新技术、新产品、新服务的发展。

4. 规范服务标准，针对双创需求精准发力

加强孵化服务队伍建设，支持第三方机构研究创业服务行业标准，开展创业服务人员培训及社会化评价。加强现有政策集成及市区两级联动，加大简政放权力度，通过第三方机构加强政策对接，为双创提供快速精准服务。

5. 推进科技金融改革，促进科技与金融深度融合

加大政府引导基金力度，引导社会资金支持企业技术创新，培养更多投资于早期的、专业化、长期化的民间投资队伍。支持搭建中小企业科技金融服务平台，促进企业与社会资本、市场资源充分对接，拓宽中小企业融资渠道，降低融资成本。

第三节　本章小结

创新创业理论建构本质上是建立一种创业和创新协同共生的动态平衡系统，国内外学者从不同维度建立了基于不同主体的分析框架。本书基于借鉴

国内外理论，将北京市众创空间作为研究对象，从要素、机制、服务、环境四个维度分析北京双创发展特点及发展情况。研究表明：目前北京创新创业载体以高素质人才为主流、创新创业相对理性；社会资本发挥了决定性作用；但主要以商业模式创新为主，技术创新含量仍有待提高；同时市场化机制、产业融合、开放共享成为其重要的特征；载体的专业化运行能力不断提升，研发众包、大数据和技术人才服务等占比均在40%以上；北京具有相对优越的创新文化和良好的营商环境。但仍存在一定问题，比如知识产权拥有量仍较低，科技创新能力尚需加强；高校院所以及大企业创新积极性还需提升，资源开放共享力度和效果待提升；创业主体政策需求多元，以税收优惠政策最为迫切，但目前政策供给仍有较大提升和落实空间。未来北京应进一步激发双创活力，在提升双创质量、强化科技创新支撑引领方面，在搭建专业平台、补足创新创业生态短板方面，在推动资源开放、形成开放共享的良好生态方面仍需加大工作力度。

第四章　北京创新创业载体的知识产权服务调查研究

发挥好知识产权核心作用，是推动大众创业、万众创新有效发展的重要方式之一。全国不同区域对此都有相关探索和实践，比如，上海、深圳、杭州、成都等很多城市不仅相继出台了支持各类创新创业载体的政策，在创新创业载体的运行方面也给予了较大的支持，各类创新创业载体也非常活跃，整体服务效率逐步提升，同时在知识产权服务体系构建方面也做了很多工作。

第一节　北京开展创新创业载体服务体系调研主旨

北京目前正面临具有全球影响力的全国科技创新中心建设的发展战略任务，其知识产权发展更是实现战略任务的重要组成部分，近年来，北京知识产权服务发展日趋呈现出专业化、体系化和高端化的趋势。"十三五"期间，北京市通过市场主导、内生发展的方式，率先支持培育了创新工场、微软加速器、创客空间等一批市场化、专业化、集成化、网络化的创新型孵化器，作为创新创业主体成长的重要平台，双创载体在为入驻主体提供知识产权公共服务工作方面发挥着重要的支撑作用。为此，有必要深入调查和分析北京地区不同类型的创新创业载体的知识产权服务体系状况及差异性，并提出完善北京创新创业载体的知识产权服务工作的相关建议，从而有效地促进北京地区创新创业活动的开展。

第二节　研究方法和数据分析

（一）研究方法及数据来源

本次调研采用了问卷调查方式，选取的分析样本是北京地区创新创业载体。截至 2016 年 5 月，北京地区共有获得北京市级以上资质的创新创业载体 248 家。本次问卷发放对象覆盖了图 4-1 中的各类国家级和市级载体约 13 类，本次共发放问卷 240 余份，回收 119 份，问卷回收率为 47.6%，其中有效问卷 112 份，问卷有效率为 94.12%。本章所有研究数据均为问卷采集样本数据，所得结论均以样本分析结论为主。

（二）创新创业载体基本情况分析——以北京为例

1. 创新创业载体区域分布情况

问卷回收的载体注册地主要集中在海淀区，共有 33 家，占比 29.46%，其次为朝阳区，再次为大兴区（见图 4-1）。门头沟、怀柔和延庆三个区的创新创业载体没有提交问卷，与这三个区域内部本身分布的创新创业载体数量较少有关。

2. 创新创业载体的中关村政策享受情况

享受中关村示范区政策的创新创业载体有 84 家，占比 75%；没享受到中关村示范区政策的有 28 家，占比 25%。其中，享受中关村政策的载体主要分布在海淀区（31 家），未享受中关村政策的载体主要分布在朝阳区（10 家）。

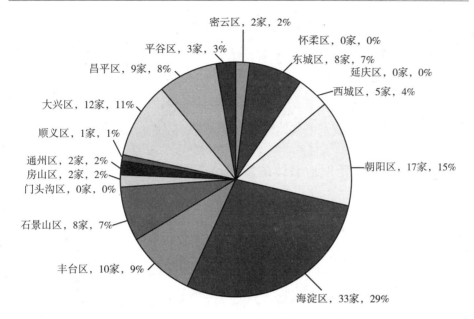

图 4-1　创新创业载体行政区域分布情况

朝阳区和平谷区未享受政策的载体占比超出享受政策的载体占比，大兴区 12 家载体都享受了中关村政策，密云区 2 家载体和顺义区 1 家载体均未享受到中关村政策。

3. 创新创业载体内的产业分布情况

北京地区创新创业载体多为产业集群的载体，共 87 家，占比 77.68%；有 25 家为单一型产业载体，占比 22.32%。无论是产业集群型载体还是单一型产业载体，其主导产业都集中在电子与信息产业和文化及其他产业中。依次是生物工程和新医药 33 家，新材料及应用技术 26 家，新能源与高效节能技术 27 家，先进制造技术 19 家，环境保护技术 16 家等。

4. 创新创业载体拥有资质的分布情况

目前获得单一资质的载体共 46 家，占比 41.07%，集中在北京市中小企业公共服务平台，占获得单一资质孵化器的 50%，其次为北京市小企业创业基地和国家级孵化器，分别占单一资质孵化器的 15.22% 和 13.04%。获得两个及以上资质的载体共 66 家，占问卷总数的 58.93%，集中在国家级孵化器，其次为北京市级众创空间，再次为北京市中小企业公共服务平台。总体来看，获得北京市中小企业公共服务平台资质的载体最多，占比 46.43%；获得国家小型微型企业创业创新示范基地资质的载体最少，占比 3.57%。

（三）北京创新创业载体的知识产权服务体系分析

1. 创新创业载体知识产权服务工作开展分析

（1）核心区双创载体知识产权服务开展占比最高。

从北京四大功能区域分布看，核心区内各区创新创业载体的数量较多，且开展知识产权服务的占比最高，为 92.31%。城市功能拓展区拥有的创新创业载体数量最多，占比 60.71%，开展知识产权服务的比例也相对高。生态涵养发展区拥有的创新创业载体数量最少，占比 4.46%，开展知识产权服务的比例最低。除此之外，城市发展新区的创新创业载体数量较多，占比 23.21%，开展知识产权服务的比例也相对较高，为 84.62%（见表 4-1）。

表 4-1　北京地区创新创业载体知识产权服务区域分布情况表

功能区	所在行政区	已开展服务（家）	未开展服务（家）	合计（家）	已开展服务占比（%）
首都核心区	东城区	7	1	8	87.50
	西城区	5	0	5	100.00
	合计	12	1	13	92.31
城市功能拓展区	朝阳区	13	4	17	76.47
	海淀区	29	4	33	87.88
	丰台区	9	1	10	90.00
	石景山区	7	1	8	87.50
	合计	58	10	68	85.29

续表

功能区	所在行政区	已开展服务（家）	未开展服务（家）	合计（家）	已开展服务占比（%）
城市发展新区	房山区	1	1	2	50.00
	通州区	1	1	2	50.00
	顺义区	0	1	1	0.00
	大兴区	12	0	12	100.00
	昌平区	8	1	9	88.89
	合计	22	4	26	84.62
生态涵养区	平谷区	2	1	3	66.67
	怀柔区	0	0	0	0.00
	密云区	1	1	2	50.00
	延庆区	0	0	0	0.00
	门头沟区	0	0	0	0.00
	合计	3	2	5	60.00

（2）不同资质的创新创业载体知识产权服务均顺利开展。

问卷统计的15项资质中，除北京市级众创空间（97.22%）、北京市中小企业公共服务平台（73.08%）、北京市小企业创业基地（97.14%）和中关村创新型孵化器（95.00%）四类资质外，获得其他各类资质的载体100%开展了知识产权服务工作。

（3）科技创新产业载体的知识产权开展情况略优于文化创新产业。

北京地区科技创新产业和文化产业的知识产权服务工作开展情况都较理想，89.07%的科技创新产业开展了知识产权服务工作，88.24%的文化及其他产业开展了知识产权服务工作。从科技创新产业内部看，电子与信息产业中开展知识产权服务的载体总量最大，共67家，其次为生物工程和新医药产业。但从已开展知识产权服务的比例上看，新材料及应用技术、现代农业技术动植物优良新品种和环境保护技术产业中的载体，全部都开展了知识产权服务。涉及核应用技术产业的载体总量少，且开展知识产权服务工作的比例也最低（见表4-2）。

表 4-2　北京地区创新创业载体知识产权服务产业分布情况表

序号	产业领域		已开展服务（家）	未开展服务（家）	合计（家）	占比（%）
1		电子与信息	67	7	74	90.54
2		生物工程和新医药	32	1	33	96.97
3		新材料及应用技术	26	0	26	100.00
4	科技创新产业	先进制造技术	17	2	19	89.47
5		航空航天技术	6	1	7	85.71
6		现代农业技术动植物优良新品种	7	0	7	100.00
7		新能源与高效节能技术	24	3	27	88.89
8		环境保护技术	16	0	16	100.00
9		海洋工程技术	0	0	0	—
10		核应用技术	1	1	2	50.00
	科技创新产业已开展知识产权服务的占比					89.07
11	文化及相关产业		45	6	51	88.24

（4）中关村政策对双创载体知识产权服务有积极的导向作用。

北京中关村自主创新示范区先行先试的一系列财税、人才激励等促进科技创新的政策措施，在激励大众创业、万众创新，营造有利于创新创业的政策环境中取得了积极成效。目前，参与调研的112家双创载体中，有84家载体享受到了中关村示范区的政策，占比75%。其中，已开展知识产权服务的双创载体有78家，占比92.86%。而未享受中关村政策的28家载体中，仅60.71%（17家）的载体开展了知识产权服务（见表4-3）。

表 4-3　北京地区创新创业载体享受中关村政策与否情况表

享受中关村示范区政策情况		已开展服务	未开展服务
享受中关村政策	载体数量（家）	78	6
	占比（%）	92.86	7.14
未享受中关村政策	载体数量（家）	17	11
	占比（%）	60.71	39.29

具体服务内容方面，无论是在知识产权的创造、运用、管理和保护环节，享受中关村政策的载体提供的知识产权服务都明显多于未享受政策的载体，且两者间差距较大（见图4-2）。

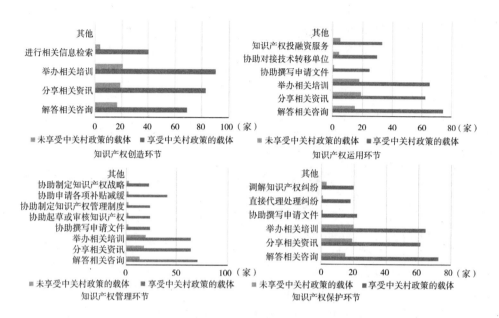

图4-2　中关村政策对不同环节双创载体知识产权服务内容的影响情况

在获得政府提供的知识产权公共服务方面，享受中关村示范区政策的载体明显多于未享受到中关村示范区政策的载体。除了专利导航项目和审查员实践基地方面，未享受中关村政策的载体获得的政府公共服务多于享受政策的载体，其他方面都是享受政策载体获得的公共服务更多。而未获得服务的载体中，有33.33%的未享受到中关村政策支持，远超过享受中关政策载体的比例（见图4-3）。

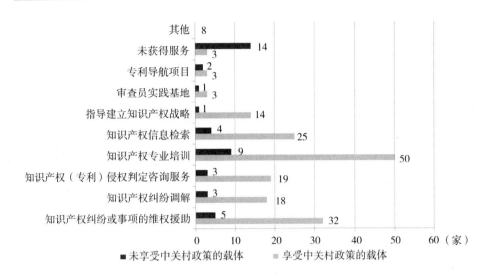

图4-3 中关村政策对创新创业载体获得知识产权公共服务的影响情况

2. 创新创业载体知识产权服务模式以委托市场化服务机构为主

从双创载体的知识产权工作机制上看，委托市场服务机构开展知识产权服务工作是双创载体的首要选择，占74.11%，选择自行服务的载体占57.14%，仅有22.33%的载体选择依托公共服务机构开展服务工作。整体看，35.71%的载体选择以市场服务机构为主、单一化服务的方式，有39.29%的载体选择通过组合式的服务模式提供知识产权服务，其中，最主要的是自行服务与市场服务相结合的模式，占比18.75%，选择自行服务和公共服务相结合的载体数量最少，占比0.89%。而单一服务模式中，委托市场服务机构开展知识产权服务工作，则是更多双创载体的优先选择（占比35.71%），依托公共服务机构开展服务的载体占比1.79%（见表4-4）。

表4-4　北京地区创新创业载体知识产权服务模式情况表

服务模式		数量（家）	占比（%）
单一 服务模式	自行服务	26	23.21
	依托公共服务机构	2	1.79
	委托市场服务机构	40	35.71
组合 服务模式	自行服务+公共机构服务+市场机构服务	16	14.29
	自行服务+市场服务	21	18.75
	自行服务+公共服务	1	0.89
	公共服务+市场服务	6	5.36
合计		112	100

目前，部分载体已搭建起具有盈利能力的知识产权服务平台。比如，启动创业孵化器建立的第三方知识产权服务平台，为园区企业提供了全面的知识产权服务链条，包括专利、商标和著作权的咨询和代理服务、专利分析和管理软件服务、知识产权战略咨询服务和企业知识产权管理人员培训服务、知识产权纠纷诉讼服务等，为园区内企业的知识产权工作开展提供了专业化渠道，加强了与入园企业的沟通和交流，提高了知识产权服务效率，也极大地满足了不同企业的发展需求，维护了入园企业的根本利益。

3. 创新创业载体的知识产权工作内容

（1）服务涉及的知识产权类型以专利、商标和著作权为主，商业秘密服务较弱。

从创新创业载体服务涉及的知识产权类型看，创新创业载体知识产权服务主要集中于专利、商标和著作权，占比分别为83.04%、75.89%和75.89%；而植物新品种权、地理标志和其他类型较少，占比仅为8.93%、0.89%和4.46%。商业秘密虽是知识产权服务工作的核心，但从调查结果看，载体在这一方面提供的服务较少。究其原因，主要是由于载体知识产权服务体系多数仅由市场化服务机构支撑，由于商业秘密不需审查授权的特点，对于市场化服务机构而言，难以在对企业提供相关服务过程中获得理想收益。

虽载体应增强对小企业商业秘密的服务工作，但相关服务工作较弱（见图 4-4）。

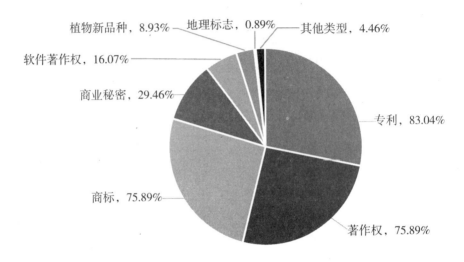

植物新品种，8.93%　地理标志，0.89%　其他类型，4.46%
软件著作权，16.07%
商业秘密，29.46%
专利，83.04%
商标，75.89%
著作权，75.89%

图 4-4　北京地区创新创业载体知识产权服务类型情况

（2）服务形式以解答咨询、分享资讯和举办培训活动为主，各环节间差异小。

从创新创业载体知识产权服务形式来看，不论是知识产权创造环节，还是知识产权运用、管理和保护环节，解答相关咨询、分享相关资讯和举办相关培训三项服务内容占比较高，均在 75% 左右。此外，在较高层次的知识产权服务提供方面，知识产权创造环节，有 30% 以上的载体开展知识产权挖掘、相关信息的检索服务；知识产权运用环节，30% 的载体开展协助对接技术转移单位和知识产权投融资服务；在知识产权管理环节，38.39% 的载体开展协助申请各项补贴减缓服务。

（3）国家级创新创业载体的专业化服务优于北京市级创新创业载体。

北京地区不同资质的双创载体在知识产权创造、运用、管理和保护四个环节中，开展的知识产权服务内容相似，均以开展解答咨询、分享资讯和举办培训活动为主，均各占20%左右。而从获得国家级资质和获得北京市级资质的载体在知识产权服务内容上的对比看，虽两者在各环节开展的知识产权服务相似，但北京市级载体在解答咨询、分享资讯和举办培训活动等基础性服务方面略好于国家级载体，而国家级载体在协助进行知识产权战略挖掘、协助对接技术转移单位、协助申请各项补贴减缓等与企业知识产权深入发展密切相关的专业化服务方面更好。

4. 创新创业载体的知识产权服务形式分析

（1）载体获得的公共服务形式主要是人员培训。政府提供给双创载体的知识产权公共服务形式较多，开展较好的是知识产权人员培训。54.46%的载体获得人员培训形式的支持，23.21%的载体获得了智力资源的支持，21.43%的载体获得了数据信息的支持，而在直接资金支持和间接资金支持以及信息提供和相关的智力资源方面，政府的公共服务还相对较弱。但29.46%的载体没获得过任何形式的政府知识产权服务（见表4-5）。

表4-5　北京地区创新创业载体获得政府知识产权公共服务的形式表

服务形式	数量（家）	占比（%）
直接资金支持	18	16.07
政府购买服务形式的支持	13	11.61
智力资源支持	26	23.21
数据信息支持	24	21.43
人员培训形式的支持	61	54.46
未获得服务	33	29.46
其他	0	0.00

（2）科技创新产业获得资金支持性质的公共服务优于文化创新类载体。从获得政府公共服务方面看，文化及相关产业获得政府公共服务的载体达到82.14%，优于科技创新产业（73.21%）；科技创新产业中，现代农业技术动

植物优良新品种产业领域的载体均获得了政府公共服务支持，新能源与高效节能技术产业领域获得政府公共服务最少（84.00%）。虽不同产业享受到的知识产权公共服务内容类似，但文化创新产业和科技创新产业获得的公共服务程度略有不同。从图4-5可知，科技创新产业未获得服务的比例为26.79%，高于文化及相关产业7.14%。除此之外，科技创新产业除在获得政府直接资金支持方面略优于文化产业外，其他各方面获得的服务均不如文化产业多。

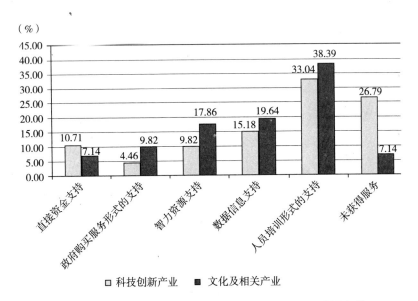

图4-5 不同产业的创新创业载体获得的知识产权公共服务情况

（3）各区载体获得公共服务的情况差别较大。从双创载体所在的区域分布可知，顺义区和平谷区的载体并未获得政府知识产权公共服务，昌平区内有95.24%的载体获得服务，其次为海淀区（93.94%），再次为东城区（90.91%）。

5. 创新创业载体知识产权岗位和人员设置情况

（1）知识产权服务岗位集中设立在企业（创业）服务部门。设置知识产权服务岗位，是双创载体开展知识产权服务工作的重要前提和保障。从参与问卷调研的 112 家载体可知，目前已有 91 家载体设立了服务岗位（占比81.25%），岗位设置情况较理想。知识产权服务岗位主要设立在企业（创业）服务部门（63.39%），没专门设立知识产权服务岗位的占 18.75%，设立在招商部门的占 6.25%，设立在行政部门和法律部门的载体均占 3.57%，设立在其他部门的占 4.46%。

在载体拥有资质层面，拥有国家级资质载体的岗位设置情况（91.37%）明显优于拥有北京市级资质的载体（84.64%），其中北京市中小企业公共服务平台的岗位设置率最低，为 69.23%；在载体所处的产业层面（见表4-6），科技创新产业和文化及其他产业的岗位设置率相当，分别为 86.56% 和86.00%，其中，航空航天技术产业均设立了知识产权服务岗位，核应用技术产业的岗位设置率最低，为 50%；在政策保障方面看，享受中关村政策的载体中仅有 14.29% 的载体未设立岗位，而未享受政策的载体达到 32.14%，政策引导作用较明显。

表 4-6　不同产业领域载体的知识产权服务人员设置情况表

单位:%

产业领域	本公司兼职人员占比	本公司专职人员占比	购买服务岗位占比
电子与信息	45.95	40.54	13.51
生物工程和新医药	54.55	36.36	9.09
新材料及应用技术	46.15	46.15	7.69
先进制造技术	57.89	36.84	5.26
航空航天技术	57.14	42.86	0.00
现代农业技术动植物优良新品种	71.43	28.57	0.00
新能源与高效节能技术	62.96	29.63	7.41
环境保护技术	62.50	31.25	6.25
核应用技术	50.00	0.00	50.00
文化及相关产业	41.67	44.44	13.89

（2）创新创业载体的知识产权服务人员以企业内部兼职人员为主。载体的知识产权服务人员主要由载体兼职人员、专职人员和购买服务岗位三种方式组成。从问卷结果看，有85.71%的载体拥有知识产权服务人员，且以载体自身工作人员为主，其中42家为专职人员，55家为兼职人员。购买服务岗位的载体较少，有15家。

从载体所处的产业领域看，新材料及应用技术的专职人员与兼职人员占比相当（46.15%），文化及相关产业的专职人员（44.44%）略多于兼职人员（41.67%），其余产业则都是兼职人员明显多于专职人员，说明目前双创载体中，知识产权服务工作的开展面临着缺乏专业的、稳定的服务人员的问题。从载体知识产权服务人员的工作年限看，主要集中于1~2年和3~4年，分别有190人和139人；工作5年以上的有82人，工作1年以内的有62人，说明从业人员的流动性较强。

（3）多数人员不具备知识产权专业知识。目前双创载体中缺乏拥有专业性知识的相关工作人员。有81.25%的知识产权服务人员未取得任何相关证书，已取得证书的人员主要集中在专利代理人和知识产权经理（占比8.93%）方面（见图4-6）。总体看，知识产权专业服务人员的缺乏是当前载体面临的普遍问题，稳定的、专业的人才不足，会导致知识产权服务工作缺乏系统性、专业性和持续性，将很大程度影响该项工作的顺利推进。

通过上述分析，本书认为：①目前北京地区创新创业载体的知识产权服务建设工作已初步开展，知识产权服务体系正在逐步形成过程中，部分载体的知识产权服务体系构建较为完善，双创载体承担知识产权公共服务职能的意识也有所提升。②尽管北京地区创新创业非常活跃，对于知识产权服务的需求也较高，但目前北京地区的创新创业载体的知识产权保护建设依旧面临着服务能力较弱、人才匮乏、经费缺乏、服务形式较单一等相关问题，一定程度上制约了创新创业的深度发展。③北京创新创业载体的知识产权服务体系依据区域、资质、产业及享受政策等方面存在一定差异，在开展知识产权

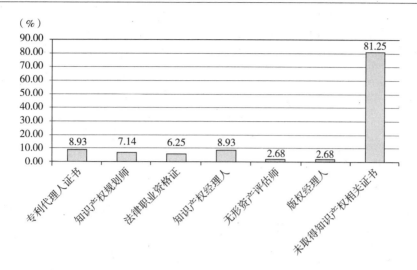

图 4-6 双创载体知识产权服务人员证书取得情况

服务方面差异较明显；知识产权服务模式和知识产权服务形式层面差异不大；知识产权服务内容层面，资质和享受政策类型的差异较大，而区域和产业类型无差异，较趋同；知识产权岗位设置方面，区域层面无差异，但在资质、产业与政策类型上尚有不同；但无论哪种类型的创新创业载体的知识产权人员配备都存在不足及不专业情况（见表 4-7）。

表 4-7 北京地区创新创业载体知识产权服务情况分析维度表

序号	知识产权服务情况	区域	资质	产业	政策
1	知识产权服务工作开展情况	✓	✓	✓	✓
2	知识产权服务模式	-	-	-	-
3	知识产权服务内容	-	✓	-	✓
4	知识产权服务形式	-	-	-	-
5	知识产权岗位设置	-	✓	✓	✓
6	知识产权岗位类型	-	✓	-	-
7	知识产权人员配备	-	-	-	-

注："✓"表示双创载体的知识产权服务在该维度有特点分析；"-"表示双创载体的知识产权服务在该维度无差异性。

第三节　结论及建议

（一）研究结论

第一，创新创业载体的知识产权服务体系尚在建设完善中，从产业、区域、政策及资质等不同层面看（见表4-8），其知识产权服务方面都存在一定差异性，尤其在知识产权服务工作开展、知识产权服务内容、岗位设置等层面差异较为明显，但在知识产权服务模式、知识产权人员配备以及知识产权服务形式上差异不明显。

第二，区域创新创业载体的知识产权服务缺乏规范，尚没有形成一套行之有效的适于不同类型的创新创业载体的知识产权服务指南；北京虽然创新创业载体众多，知识产权服务体系也有一定的规范性，但是两者之间的对接则缺乏规范性和科学性，无论从理论层面还是实践层面都需要进一步完善。

第三，区域创新创业载体的知识产权服务绩效还需要系统的评价指标，对于哪些创新创业载体的知识产权服务做得好，如何评价还需要进一步实践和研究。本书只关注了创新创业载体的知识产权服务情况，对于载体内的企业关注较少，对于企业需求没有深入关注，未来可进一步深入分析。

表4-8　北京地区创新创业载体知识产权服务情况分析维度表

分析维度　　　　　知识产权服务情况	区域	资质	产业	是否享受中关村政策
知识产权服务工作开展情况	✓	✓	✓	✓
知识产权服务模式	∅	∅	∅	∅
知识产权服务类型	∅	∅	∅	∅

续表

分析维度＼知识产权服务情况	区域	资质	产业	是否享受中关村政策
知识产权服务内容	∅	✓	∅	✓
获得的知识产权公共服务内容	∅	✓	∅	✓
获得的知识产权公共服务形式	∅	∅	∅	∅
知识产权岗位设置	∅	✓	✓	✓
知识产权岗位类	∅	∅	✓	∅
知识产权证书取得情况	∅	∅	∅	∅
知识产权服务需求	∅	∅	∅	∅

注："✓"表示双创载体的知识产权服务在该维度有特点分析；"∅"表示双创载体的知识产权服务在该维度没有差异性。

（二）研究建议

第一，进一步凝聚管理合力，搭建统一的知识产权服务平台，搭建信息共享网络平台，供需双方均可在此平台上寻找服务资源或服务机构，实现信息的网络化和全覆盖。同时在服务资源匹配方面，集成相关资源，促进知识产权公共服务工作有序开展。

第二，健全管理机制，构建完整的知识产权服务政策体系。完善双创载体认定管理办法，增加设立知识产权公共服务岗位及工作人员等配合知识产权公共服务工作开展的基础条件要求，明确岗位职能和任职条件，确保知识产权公共服务工作顺利开展，使更多创新型企业得到服务支持。同时还要出台知识产权服务标准，规范知识产权服务行为，提高服务质量和效率。

第三，加强设计和规范创新创业载体的知识产权服务指南，开展科学深入的绩效评价。由于区域经济发展程度不同，创新创业载体建设也会有差异，载体的知识产权服务也会呈现不同水准，设计指南可对不同区域创新创业及知识产权服务起到指导作用，同时创新创业载体的知识产权服务绩效的科学评价也有待进一步深入研究。

第五章 创新创业载体知识产权服务规范分析

为深入贯彻落实国家、北京市有关加强知识产权保护、支撑创新创业的文件要求，北京市保护知识产权举报投诉服务中心（以下简称"北京12330"）联合北京市科学技术委员会高新技术产业处、北京市经济和信息化委员会中小企业处、中关村管委会自主创新能力建设处和创业服务处共同制订了《创新创业载体知识产权服务指引》。

众创空间、孵化器、大学科技园等创新创业载体，作为服务创新创业主体成长的重要平台，在帮助初创企业快速成长的过程中起到了不可替代的作用。针对双创载体的知识产权服务工作，国家知识产权局《关于知识产权支持小微企业发展的若干意见》《关于严格专利保护的若干意见》《关于全面组织实施中小企业知识产权战略推进工程的指导意见》和北京市人民政府《关于加快知识产权首善之区建设的实施意见》等政策文件，提出了"在创新创业人才集聚区设立知识产权维权援助工作站""在众创空间等新型创业服务平台中建立中小企业知识产权服务等相关模块"的工作要求。

本次编制的《创新创业载体知识产权服务指引》，明确了众创空间、孵化器、大学科技园等创新创业载体可以开展的知识产权服务内容要求，根据创新创业载体的工作实际，制定了一系列可供参考的工作流程和文件，梳理了北京市现有知识产权公共服务资源，以期指导创新创业载体在提高自身知识产权意识，加强知识产权管理的同时，也能为入驻创新创业主体提供全面、便捷、高效的知识产权服务。

第一节　研究目标及原则、适用对象范围

本章旨在指导和规范创新创业载体知识产权服务工作，明确创新创业载体的知识产权服务要求和内容，将知识产权服务融入创新创业全过程，进一步提升创新创业载体的知识产权服务能力，更好地服务创新创业。

各创新创业载体在提供知识产权服务时，需要重点把握好以下原则：一是整合资源，搭建桥梁。集成知识产权相关政策，整合与知识产权相关的政府公共服务和市场化服务资源，为创新创业主体获取知识产权政策支持和专业服务提供便利。二是突出特色，持续发展。各创新创业载体根据所服务企业的产业特点和自身优势，构建专业化、个性化、多元化的知识产权服务体系，努力打造创新创业载体知识产权服务特色和品牌，支持创新创业主体发展。三是针对需求，及时服务。及时了解创新创业主体的知识产权发展现状和实际需求，针对性地提供知识产权专业服务，协助解决知识产权现实问题和困难，引导创新创业主体高效有序做好知识产权相关工作。

本知识产权服务指引适用于北京市各类创新创业载体。

第二节　创新创业载体知识产权服务要求

（一）建立创新创业载体知识产权工作体系

设置知识产权岗位、配备知识产权管理人员、制定载体知识产权管理制度、建设载体公共技术平台和办公条件的知识产权保护环境。

（二）聚集知识产权服务资源

对接知识产权公共服务资源、引入知识产权创业导师、制定服务机构遴选办法、签约知识产权专业服务机构、制定服务机构绩效考核办法。

（三）宣贯知识产权政策

建立知识产权政策收集机制、编制政策汇编、向入驻团队/企业宣传并协助相关政府部门落实各类知识产权政策措施、指导入驻团队/企业完成相关政策申报。

（四）提供知识产权专业服务

提供知识产权申请相关服务、举办各类知识产权培训、提供知识产权专业咨询服务、提供知识产权投融资服务、开展知识产权涉外合作、提供知识产权保护服务、调查入驻团队/企业知识产权现状和收集入驻团队/企业的知识产权需求。

第三节　创新创业载体知识产权服务内容

（一）建立知识产权工作体系

1. 设立知识产权岗位

创新创业载体应在企业服务部或法务部设立知识产权岗位，为入驻团队/企业提供知识产权服务，同时也承担创新创业载体自身涉及的知识产权创造、运用、保护和管理相关职责。载体应根据自身情况，明确岗位职责，并形成文件。样例如表5-1、表5-2所示。

表 5-1　知识产权岗位职责文件样例

——知识产权岗位职责：

1. 负责建立载体内部各项知识产权管理机制；

2. 负责对接知识产权管理部门，协调接待相关部门来载体或入驻团队/企业开展调研、来访、交流和宣讲等工作；

3. 负责遴选、签约知识产权服务机构，开展服务机构绩效考核；

4. 负责及时、准确、搜集政府关于知识产权的优惠、扶持、资助政策，并以开展集体宣讲、单独辅导等方式传达给入驻团队/企业；

5. 负责调查入驻团队/企业的知识产权现状，收集知识产权需求；

6. 负责载体及入驻团队/企业知识产权的申报维护的辅助工作，与专利、软件著作权代理机构进行协调和沟通；

7. 负责举办各类知识产权培训；

8. 负责针对入驻团队/企业需求提供知识产权专业咨询服务；

9. 负责与投融资机构对接，为入驻团队/企业提供知识产权投融资服务；

10. 负责开展与海外知识产权资本、人才和机构的交流与合作；

11. 负责落实针对入驻团队/企业需求的知识产权援助工作；

12. 负责落实载体各类知识产权管理规定，落实业务流程要求；

13. 负责落实载体知识产权奖励机制；

14. 负责向公司财务提交知识产权的年度财务预算及预算实施

表 5-2　载体知识产权管理人员要求文件样例

基础任职资格要求（含知识技能、经验两个维度）	
知识与技能：（符合本职位要求的学历、专业、技能与资格证书）	
学历要求	大学本科（□技校　　□大专　　□硕士　　□博士）
专业要求	工学类、理学类、法学类
技能要求	(1) ……；(2) ……
其他要求	沟通能力强、有创新能力
经验要求（含项目经验、行业要求及本企业要求）	
项目经验	
行业要求	
本企业要求	研究生……；本科生从事专利工作×年（含）以上
备注	

2. 配备知识产权工作人员

创新创业载体应配备专职或兼职的知识产权管理人员，建议选择具有与载体重点服务产业相一致的专业技术背景或熟悉知识产权相关法律知识，同时还需要有较强的沟通协调与组织策划能力的相关人员（见表5-2）。

经过一定时期的培养，载体知识产权管理人员应当达到如下水平：

（1）具有较强的知识产权专业素质，熟悉专利、商标、著作权、商业秘密等基本知识产权知识，争取通过知识产权工作相关资质（如专利代理人、资产评估师等）考试。

（2）具有较强的服务意识，能够及时收集入驻团队/企业的知识产权状况和需求并进行统计分析，提出针对性知识产权建议和参考性意见。

（3）具有较强的沟通协调能力，能够与相关政府部门、知识产权行业协会、行业专家沟通洽谈邀请授课或培训等事项。

（4）具有较强的组织策划能力，能够在载体内部或者为入驻团队/企业组织知识产权培训、宣传等活动。

3. 制定知识产权管理制度

创新创业载体应结合自身特点，制定适合的知识产权服务制度（如海归人员、高校教师、大学生创业知识产权背景调查制度；入驻团队/企业知识产权需求收集制度）和知识产权管理制度（如知识产权申请制度、知识产权维权制度、知识产权管理制度等，具体制度范本可参考《企业知识产权管理制度及合同范本》）。也可将相关内容嵌入载体已有的各项管理制度中。

4. 加强载体内部公共环境建设

创新创业载体应加强适合入驻团队/企业发展的载体内部环境建设，制定创新创业载体公共环境知识产权保护方案，对公用办公区、打印室、会议室、实验室及检验检测平台等采用物理隔离、信息隔离等合理手段，避免造成企业商业秘密泄露。

引导载体员工和入驻团队/企业使用正版软件，禁止私自安装和使用盗版软件。

充分利用互联网手段，引进专业的知识产权数据库平台以及各类知识产权管理软件，建立知识产权网络信息平台，为入驻团队/企业提供便捷服务。

（二） 集聚知识产权服务资源

1. 对接知识产权管理部门和公共服务部门

熟悉各级知识产权管理部门的工作职责，及时了解相关管理部门发布的知识产权政策、项目等信息，协助入驻团队/企业联系相关主管部门解决其实际问题和困难。根据创新创业载体自身以及入驻团队/企业的知识产权需求，有选择性地与知识产权公共服务部门（见表5-3）进行对接，承接或引入相关公共服务项目，为入驻团队/企业提供服务便利。

表5-3 我国知识产权管理部门列表

序号	知识产权种类	国家知识产权行政管理部门	地方知识产权行政管理部门（以北京为例）
1	专利权	国家知识产权局	北京市知识产权局
2	商标权、特殊标志、地理标志商标	国家工商行政管理总局商标局	北京市工商局
3	著作权及著作权有关的权利	国家版权局	北京市版权局 北京市文化市场行政执法总队
4	商业秘密	国家工商行政管理总局公平交易局	北京市工商局
5	农业/林业植物新品种权	农业部/国家林业局	北京市农业局/北京市园林绿化局
6	集成电路布图设计专有权	国家知识产权局	无
7	地理标志产品	国家质量监督检验检疫总局	北京市质量技术监督局

注：关于我国知识产权管理部门基本职责，见附录4；关于现有知识产权公共服务简介，见附录5。

2. 签约知识产权服务机构

创新创业载体应制定知识产权服务机构遴选办法，签约一批知识产权代理、法律、信息、商业化、咨询、培训等不同类型的服务机构，为入驻团队/企业提供推荐和对接服务。遴选服务机构时应考虑的因素包括：

（1）是否为符合相关管理部门规定，获批开展知识产权服务的机构；

（2）是否拥有较强的综合实力和专业团队；

（3）是否拥有较为合理的管理机制、作业流程和管理系统；

（4）是否具备丰富的工作经验，能够引导和挖掘入驻团队/企业的知识产权工作需求，并给出有效的解决方案；

（5）是否拥有较为合理的收费机制。

制定创新创业载体知识产权服务机构服务绩效考核办法（样例见表5-4），根据知识产权服务机构为入驻团队/企业提供知识产权服务的数量、质量、性价比等方面进行考核，对于优秀服务机构给予适当奖励。

表5-4 服务机构考核办法样例

一、服务机构基本情况				
单位名称			成立日期	
组织机构代码			注册资本	
单位网址			传真	
联系人	姓名		电话	
	手机		邮箱	
二、知识产权服务业务情况				
主要知识产权业务	○知识产权代理服务　○知识产权法律服务　○知识产权信息服务 ○知识产权咨询服务　○知识产权培训服务 ○知识产权商用化服务（交易、许可、评估、担保和质押贷款） ○其他：			
业务服务范围	○专利　○商标　○版权　○商业秘密　○植物新品种 ○其他知识产权			

单位人员及 资质信息	职工总数：		执业代理人数量：	
	单位所获荣誉和奖励：			
绩效考核 指标	××年代理创新创业载体专利申请总量	总量　　　件 平均价格　元/件	发明专利　　件 平均价格　元/件	
	××年代理创新创业载体专利授权数量	总量　　　件	发明专利　　件	
	××年代理创新创业载体申请首件专利的企业数量	企业	家	
	××年代理创新创业载体获得首件授权专利的企业数量	企业	家	
	××年代理创新创业载体国外专利申请数量（通过PCT或者巴黎公约途径）		件	
	××年代理创新创业载体国外专利授权数量（通过PCT或者巴黎公约途径）		件	
	××年国内商标注册代理数量		件	
	××年香港、台湾及国外商标注册代理数量		件	
	××年软件著作权登记代理数量		件	
	××年为创新创业载体及其入驻团队/企业提供知识产权培训数量	企业　　　　　　　　家 涉及知识产权类型：　　家 涉及知识产权环节：　　家		
其他知识 产权服务				

注：①可在北京市知识产权局知识产权服务业网站查询以上各类服务机构名录，http：//www.beijingip. cn/jopm_ ww/knowledgeServiceController/index. do。

②可在北京市知识产权局专利代理管理系统中查询代理人名录，http：//www. beijingip. cn/jopm_ ww/PatentAgencySearchController/seachPeopleList. do。关于知识产权服务机构的类别及其服务内容，见附录6。

3. 引入知识产权创业导师

引入具有丰富实务经验的知识产权创业导师，为入驻团队/企业提供创业过程中的知识产权创造、运用、保护和管理等相关工作辅导，规避创业中的知识产权风险，助力创业企业持续快速成长。相关创业导师可以为知识产权服务机构负责人、企业知识产权工作负责人等。

（三）宣贯知识产权政策

1. 收集知识产权政策

及时、准确地收集各级政府部门出台的知识产权相关政策（见表5-5），加强知识产权政策归纳和整理，形成知识产权政策汇编并定期更新。

表5-5　现有知识产权相关政策一览表

	国家政策
1	《"十三五"国家知识产权保护和运用规划》
2	《国家知识产权战略纲要》
3	《深化实施国家知识产权战略行动计划（2014~2020年）》
4	《国务院关于新形势下加快知识产权强国建设的若干意见》
5	《关于加快建设知识产权强市的指导意见》
6	《关于知识产权支持小微企业发展的若干意见》
7	《关于全面组织实施中小企业知识产权战略推进工程的指导意见》
8	《国家知识产权局关于进一步提升专利申请质量的若干意见》
9	《专利费用减缓办法》
10	《专利收费减缴办法》
11	《关于严格专利保护的若干意见》
12	《关于加强知识产权保护和行政执法工作的指导意见》
13	《关于开展知识产权维权援助工作的指导意见》
14	《关于知识产权服务标准体系建设的指导意见》
	北京市政策
1	《北京市专利促进和保护条例》
2	《北京市"十三五"时期知识产权（专利）事业发展规划》
3	《关于加快知识产权首善之区建设的实施意见》
4	《北京市专利资助金管理办法》

5	《北京市专利资助金管理办法实施细则（试行）》
6	《北京市加强专利运用工作暂行办法》
7	《进一步推动首都知识产权金融服务工作的意见》
8	《关于进一步促进科技成果转化和产业化的指导意见》
9	《北京市知识产权局行政处罚裁量权规定（试行）》
10	《北京市举报假冒专利行为奖励办法（试行）》
11	《北京市加强知识产权纠纷多元调解工作的意见》
12	《北京市企业海外知识产权预警和应急救助专项资金管理办法（暂行）》
13	《北京市大型商业零售经营单位知识产权保护指导规范》
14	《加快发展首都知识产权服务业的实施意见》
	知识产权资助政策
1	《中关村国家自主创新示范区技术创新能力建设专项资金管理办法》
2	《中关村国家自主创新示范区发展专项资金管理办法》
3	《关于加快推进中关村国家自主创新示范区知识产权质押贷款工作的意见》

2. 开展知识产权政策宣讲和辅导

深入分析研究和掌握各级政府部门出台的知识产权扶持政策，通过定期组织开展政策宣讲的方式，邀请专家针对知识产权相关政策进行解读，协助相关政府部门落实各类知识产权政策措施，指导入驻团队/企业完成相关政策申报。

（四）提供知识产权专业服务

根据国家知识产权战略纲要，将创新创业载体为入驻团队/企业提供的专业服务分为创造、运用、保护和管理四个环节。

（1）创造服务包括知识产权的申请；

（2）运用服务包括举办各类知识产权培训、提供知识产权专业咨询服务、提供知识产权投融资服务以及开展知识产权涉外合作；

（3）保护服务包括维权援助和纠纷应对；

（4）管理服务包括调查入驻团队/企业知识产权现状和收集入驻团队/企业的知识产权需求。

1. 提供知识产权申请相关服务

应依据入驻团队/企业需求，联合服务机构，提供专利申请代理、商标注册代理和著作权登记代理等代理服务。

2. 举办各类知识产权培训

依照指引要求，机构举办了知识产权保护、管理和运用的各类培训，工作流程如图 5-1 所示。

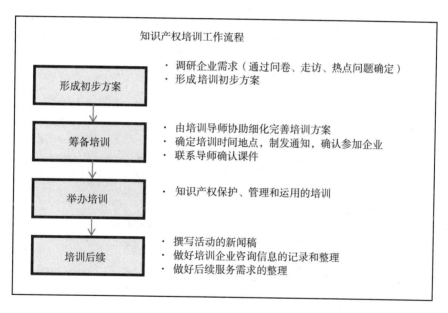

图 5-1　知识产权培训工作流程

针对入驻团队/企业的行业特性、成长阶段等实际情况，有计划地组织系列知识产权专业培训并将培训的基本信息记录留存，提升入驻团队/企业的知识产权整体意识。具体可采取分阶段培训与分领域培训相结合的方式进行。知识产权培训课程建议如表 5-6、表 5-7、表 5-8 所示。

表5-6　分模块培训　课程安排样例

主题安排	课程名称	课程内容
创造模块	知识产权概论 （2课时）	知识产权概念、基本类别及特点、知识产权重要性；国家及北京市各级知识产权申请资助与奖励政策介绍
	知识产权申请实务 （2课时）	专利权、著作权、商标权申请及审批程序，知识产权及相关法律法规基础知识，知识产权管理机构及相关职责
运用模块	知识产权运营——知识产权的资本化 （2课时）	知识产权运营、类别、重要性；国家及北京市各级知识产权运营资助与奖励政策介绍
	企业如何开展知识产权质押融资与专利质押贷款 （2课时）	知识产权质押融资流程、专利权质押贷款流程及案例讲解
保护模块	国内知识产权维权概述 （2课时）	知识产权维权及其重要性、知识产权维权途径及维权相关案例讲解
	海外知识产权保护 （2课时）	主要国家及地区知识产权制度及特点；海外纠纷风险防范及应对提示
	知识产权维权政策及公共知识产权维权服务 （2课时）	国家及北京市各级知识产权维权相关政策介绍；现有公共知识产权维权服务介绍
管理模块	企业知识产权管理基础建设 （2课时）	知识产权岗位设置及职责、知识产权服务人员要求、知识产权日常管理
	企业知识产权管理事务 （2课时）	专利、商标获得过程中的费用、审限及管理；知识产权服务机构的选择
	企业知识产权管理常见问题及应对 （2课时）	企业产品研发、团队内部管理、商品或服务推广、对外合作以及融资过程中出现的常见问题及应对方法

表5-7 分阶段培训 课程安排样例

阶段安排	课程名称	课程内容
启蒙阶段	双创中的知识产权那些事（2课时）	知识产权基本概念和类型； 知识产权申报（登记）流程； 专利先申请原则； 商标抢注问题； 创业中商业秘密保护策略； 知识产权在企业注册和投融资中的作用
	现行知识产权政策知多少（2课时）	国家层面知识产权政策； 市级层面知识产权政策； 区（园区）层面知识产权政策； 知识产权政策申报策略
	从小微企业到上市公司（2课时）	成功创业企业发展历程中的知识产权经验分享
初级阶段	知识产权申请实务（2课时）	专利申请实务； 商标申请实务； 版权登记实务
	企业知识产权管理体系建设（2课时）	企业知识产权管理岗位设置； 企业知识产权管理人员配备； 完善企业知识产权管理制度； 企业知识产权管理标准认证
	产品研发中的知识产权问题（2课时）	知识产权类型选择； 产品研发中的专利申请； 产品研发中的商标注册； 产品研发中的著作权保护； 产品研发中的技术秘密保护
	融资中的知识产权问题（2课时）	融资、上市中常见知识产权问题； 知识产权融资方式； 知识产权融资策略

阶段安排	课程名称	课程内容
初级阶段	对外合作中的知识产权问题 （2课时）	路演、合作洽谈中商业秘密保护； 合同中的知识产权问题
	企业品牌建设 （2课时）	商标申请； 商标许可与转让； 著名商标与驰名商标； 品牌推广中的知识产权风险规避
	初创企业知识产权纠纷应对 （2课时）	初创企业常见知识产权纠纷类型； 初创企业常见知识产权纠纷处理途径； 初创企业常见知识产权风险防范
高级阶段	专利挖掘与布局 （2课时）	创新点的挖掘； 专利申请内部评审； 专利质量控制； 专利布局策略
	专利检索与信息分析 （2课时）	专利检索数据库的选择； 专利检索策略； 专利信息分析技巧
	企业知识产权运营 （2课时）	企业知识产权价值评估； 企业知识产权许可； 企业知识产权转让； 重点产业知识产权运营基金； 重点产业知识产权联盟
	企业海外知识产权风险防范 （2课时）	企业产品出口前知识产权风险预警； 企业海外参展中的知识产权纠纷应对
	企业知识产权战略 （2课时）	企业知识产权战略概念； 企业知识产权战略制定内容（包括企业知识产权优势、劣势以及未来趋势分析）； 企业知识产权战略案例分析
	成功企业知识产权实务经验分享 （2课时）	知识产权示范企业知识产权管理经验分享

表5-8　分对象培训　课程安排样例

培训对象	培训目的	课程内容
各企业知识产权工作人员及技术研发人员	让企业的专业技术人员更好地运用知识产权，使其具备从事知识产权工作的素质和能力	企业技术研发过程中的专利申请策略和管理； 专利信息的检索和应用策略； 科技型企业知识产权管理模式； 如何建立和实施切实可行的知识产权保护体系； 中国知识产权司法审判与应诉策略； 科技型企业的融资机制等 （24课时）
各企业知识产权管理负责人	帮助企业了解国内外知识产权保护的现状和发展趋势，认识知识产权保护在经贸活动中的重要性，提高管理者的知识产权管理能力、更新管理思路和方法，培养高层次知识产权管理人才，增强企业的核心竞争力	企业专利战略制定技巧； 案例解读专利法及实施细则； 专利申请与布局策略； 专利挖掘与技术交底书的撰写； 企业知识产权管理与策略； 专利侵权诉讼应对及风险规避技巧； 观摩相关知识产权示范企业等 （24课时）
各科技型企事业单位负责人、知识产权部及研发部管理人员	提高科技型企业的知识产权创造、运用、管理和保护的能力，提高其知识产权工作人员的专业素质和管理水平，帮助其有效地运用知识产权制度推动企业科技进步与创新，从而推动科技型企业在创新道路上持续发展	自主知识产权对企业发展的影响； 制定立足于技术进步的企业知识产权发展战略； 案例解读知识产权法律、法规； 专利挖掘的方法与技术交底书撰写； 专利检索及分析的技能； 科技型企业知识产权工作实务； 科技型企业知识产权运用实务； 如何建立和实施切实可行的知识产权保护体系等 （24课时）

3. 提供知识产权专业咨询服务

创新创业载体知识产权管理人员和签约知识产权服务机构将共同为入驻团队/企业提供专业的咨询服务，及时解决入驻团队/企业遇到的各种知识产权问题和难题，并做好相关情况的记录管理。定期汇总分析企业普遍存在的知识产权问题，根据需求安排培训、走访等服务，样例如表5-9所示。

表5-9 咨询服务记录表样例

知识产权咨询服务记录表										
序号	口期	知识产权类型	咨询方式	咨询人	咨询人单位	服务人员	服务人员单位	咨询内容	解答情况	满意度评价
1										
2										
3										
4										
5										
6										
7										
8										
9										
10										

4. 提供知识产权投融资服务

深入了解入驻团队/企业的知识产权投融资需求，普及知识产权价值评估、知识产权出资入股、质押融资等知识，及时对接银行、知识产权基金、知识产权评估和担保等相关投融资机构，帮助入驻团队/企业方便、高效、低成本解决融资需求。可参见招商银行知识产权质押贷款流程。

5. 开展知识产权涉外合作

充分利用全球知识产权资源，广泛开展与海外知识产权资本、人才和机构的交流与合作，拓展入驻团队/企业的知识产权国际视野。根据对接的海外知识产权资源情况，为入驻团队/企业普及海外知识产权制度、纠纷应对等知识。

6. 提供知识产权保护服务

载体提供知识产权保护服务主要包括维权援助和协助应对纠纷。

充分发挥北京 12330 各分中心和工作站的作用，帮助入驻团队/企业了解知识产权维权途径和方式，协助入驻团队/企业积极进行知识产权维权行动。及时了解入驻团队/企业遇到的知识产权纠纷，组织专家进行问题会诊，研究应对策略，帮助入驻团队/企业科学合理应对知识产权纠纷。投诉维权工作流程如图 5-2 所示。

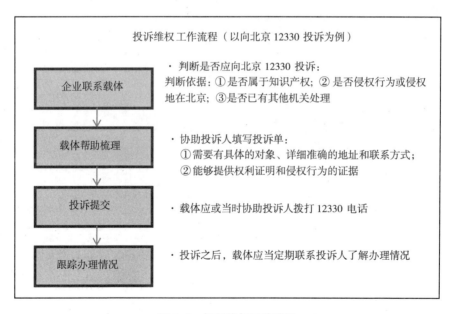

图 5-2　投诉维权工作流程

7. 调查入驻团队/企业知识产权现状

载体应建立入驻团队/企业知识产权管理台账，台账样例如表 5-10 所示。

表 5-10　知识产权管理台账样例

序号	企业信息				知识产权联系人			知识产权状况										资质情况							
								专利权				著作权			商标权		其他		上市企业	是 填1，否 不填					填内容	
	企业名称	组织机构代码	所属行业	主要产品	姓名	职务	联系方式	申请数（件）	有效专利（件）	已授权发明（件）	已授权实用新型（件）	登记总数（件）	软件著作权（件）	取得方式：自主研发／购买	数量（件）	其他：著名商标／驰名商标等	种类	数量（件）		国家级高新	中关村高新	市专利试点	市专利示范	自主创新产品	高层次人才	其他
1																										
2																										
3																										
4																										
5																										

记录入驻团队/企业知识产权的基本信息，包括知识产权的名称、获得保护的国家和地区、类型、申请日和授权日、知识产权工作负责人和联系人等。

建议载体根据入驻团队/企业的情况，划分重点服务企业和普及型服务企业并分别记录台账。

8. 收集入驻团队/企业的知识产权需求

建立入驻团队/企业知识产权需求收集机制。以调查问卷、定期走访等方式，了解入驻团队/企业的知识产权需求，并留下调查走访的书面记录，样例如图5-3、表5-11所示。

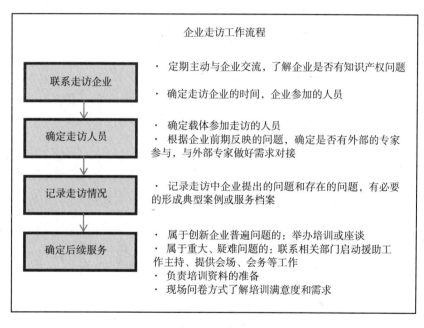

图5-3　企业调查走访记录样例

表 5-11　企业走访记录表

走访类别	□日常走访　□专项走访		走访人：
走访日期			
被走访企业/团队情况	名称：		法定代表人：
	地址：		
	企业类别：		
	陪同走访人（职务）：		联系电话：
走访主要内容及结果：			
其他：		记录人签字：	

第四节　本章小结

本章主要为众创空间、孵化器、大学科技园等创新创业载体制定了可供其参考实施的《创新创业载体知识产权服务指引》，并通过三小节来完成分析，分别针对研究目标及原则、适用对象范围，创新创业载体提供知识产权服务的要求以及服务内容做了分析，该《创新创业载体知识产权服务指引》旨在促进各类创新创业载体更加规范地为初创企业开展知识产权等相关服务，在《创新创业载体知识产权服务指引》中，明确了众创空间、孵化器、大学科技园等创新创业载体可以开展的知识产权服务内容要求，根据创新创业载体的工作实际，制定了一系列可供参考的工作流程和文件，梳理了北京市现有知识产权公共服务资源，以期指导创新创业载体在提高自身知识产权意识，加强知识产权管理的同时，也能为入驻创新创业主体提供全面、便捷、高效的知识产权服务。

第六章 创新创业载体知识产权服务指引的案例研究

第一节 北京硬创梦工场科技有限公司

（一）试点载体基本情况

1. 基市情况简介

北京硬创梦工场科技有限公司（以下简称梦工场）成立于 2014 年，是在北京市政府、各委办局及中关村管委会支持下，由海淀区重点打造的围绕智能制造产业生态的中试基地，现已成为推动"国家双创基地"的创新高地。

梦工场是经北京市科学技术委员会认定的北京市众创空间，具备智能硬件服务基地、中关村智能硬件公共服务平台及孵化器资质。2018 年 7 月，梦工场申请北京市保护知识产权举报投诉服务中心（以下简称北京 12330）《创新创业载体知识产权服务指引》（以下简称《指引》）试点项目，申请北京 12330 专家针对梦工场知识产权服务体系进行指导，对标指引提升梦工场服务能力，以期达到为企业或入驻团队提供更为全面、便捷、高效的知识产权服务目的。

历时 4 个月，梦工场通过北京 12330 专家辅导主要完成和提升了以下事项：一是建立了健全的知识产权工作体系。具体包括：相关制度、配套服务工具、服务框架梳理、流程改进等。二是聚集更多的专业服务资源。具体包括：知识产权代理方向 3 家、知识产权商业化方向 1 家、专家资源 4 位等。三是宣贯知识产权政策。具体包括：知识产权政策收集和汇编、课程体系整理并举办政策宣讲活动 3 场。四是明晰了知识产权服务模式。通过试点工作的梳理和辅导，梦工场团队知识产权服务模式更为明晰，服务能力得到提升，并建立了适用自身、切实可行的服务路径，协调相关资源共同服务企业。经近期工作验证，供需对接更为精准、高效，服务转化率有所提升。

2.《创新创业载体知识产权服务指引》落实情况

根据《创新创业载体知识产权服务指引》，配备知识产权工作人员 12 人，包括专职人员 6 人，均是资深审查员、专利代理人等，负责专职流程服务；兼职人员 3 人，试点期间增加 3 人，负责企业服务。建立知识产权工作制度，明确岗位职责、管理制度、背景调查制度、需求调查制度等。对接 2 个知识产权公共服务及管理部门，包括北京市保护知识产权举报投诉服务中心、中关村知识产权促进局。签约知识产权服务机构 9 个，类型包括代理服务、信息服务、咨询服务、培训服务。引入知识产权服务导师 4 人，导师参与次数 3 次。宣讲知识产权政策 3 次，举办知识产权培训 12 次等。具体落实情况见表 6-1。

表 6-1　梦工场知识产权服务指引落实情况表

	人员类型	人数	专业背景
知识产权 工作人员	专职	6	资深审查员、专利代理人、专职流程服务
	兼职	3	企业服务
	其中试点期间新增	3	企业服务
	人员总数	9	—

续表

知识产权工作制度（已建立请打√）	岗位职责：	√
	管理制度：	√
	背景调查制度：	√
	需求调查制度：	√
	政策收集制度：	√
	其他，具体为：	员工绩效考核制度　√
对接知识产权公共服务及管理部门	个数：	2
	具体单位包括：	北京市保护知识产权举报投诉服务中心、中关村知识产权促进局
签约知识产权服务机构	数量：	9
	类型包括：	■代理服务　□法律服务　■信息服务 ■咨询服务　■培训服务　□商用化服务 □其他
引入知识产权服务导师	数量：	4
	导师参与人次：	3
知识产权政策宣讲	次数：	3
举办知识产权培训	次数：	12
提供知识产权服务	次数：	502（7~10月）
	类型：	■知识产权申请服务　■举办知识产权培训 ■知识产权专业咨询　■知识产权投融资 ■知识产权涉外合作　■知识产权保护 ■调查入驻团队/企业知识产权现状 ■收集入驻团队/企业的知识产权需求

（二）试点工作成效

梦工场对标《创新创业载体知识产权服务指引》（以下简称《指引》）要求，取得以下工作成效：

1. 建章立制方面

完成相关制度建立和完善。通过指引提升和完善《北京硬创梦工场科技有限公司知识产权工作管理办法》《背景调查制度》《需求调查制度》，改进《公共服务中心岗位及薪酬管理办法》，按照这四个制度重新梳理现有知识产权工作人员工作职责、岗位要求、工作交接节点，形成新一轮服务流程，为知识产权服务建立服务执行基础；完成工作流程改进：专利代理服务、维权援助服务流程；完成岗位职责梳理：参照指引岗位描述重新划分知识产权工作角色，分岗位总负责人、统筹督进、培训宣讲、服务执行等方向，增加兼职服务人员 3 人，目前总计相关服务人员 12 人；完成配套服务工具改进：从指引中选择适用服务体系的表格和培训课程。

2. 资源聚集方面

完成扩容专家资源。借由指引工作进一步补充专家资源，指引辅导期间引入知识产权服务专家 4 人，其中签约特约服务导师 1 人，开展长期顾问服务；完成扩容专利代理资源：辅导期增加 3 家专利代理机构服务方资源，分别为万驰信息、北京 IP、三聚阳光；完成扩容知识产权商业化机构：签约中金浩公司，该团队可提供包括无形资产评估在内的服务内容。

3. 政策宣贯方面

完成知识产权政策收集。完成政策收集并汇编以备培训宣讲使用，完成对口宣讲老师的定岗定责；辅导期完成政策宣贯活动 3 场：知识产权政策宣贯按主题进行宣讲，分别为园林知识产权主题方向、高科技企业知识产权保护方向、政策优惠项目申报方向；完成培训课程梳理：完成培训课程的梳理，建立适用梦工场服务体系的课程逐步完善对应的培训导师，丰富专家库，切实落实培训课程内容。

4. 专业服务方面

知识产权服务能力得到提升。团队知识产权工作人员服务水平提高，综合素质得到加强，服务更具有概念性、系统性，能从长远角度出发有筹划地对企业开展知识产权服务，初步具备对企业的引导服务能力。过程中，工作人员对于抓关键人物取得了不同程度的服务心得，服务效果提升明显。

服务模式更为明晰。通过指引辅导，通过辅导专家团队帮助梳理工作和服务思路，梦工场团队知识产权服务模式更加明晰。该团队确定了知识产权服务以总部为核心、全国拓展、多站点协同服务的服务模式，结合多种科技手段如服务机器人、多维服务系统等方式，改进服务表现手段和需求沟通路径，大大提升需求的挖掘力度和对接能力。同时，通过指引辅导，团队梳理出专属的专家资源入库体系和流程。具体是，选定差异化服务表现的明星专家—专家协调沟通—签订顾问合作协议—进行正式授权—开展长期深度合作。

在以上模式指导下，该团队服务模式更具有实操性，明显提升需求转化率，通过近 1 个月的实践活动已得到初步证明。

形成服务手册。该团队服务模式以总部为核心，多站点协同协作。目前除海淀总部已铺设站点外，正常开展服务的有：石景山服务平台、房山服务平台、延庆服务平台、通州服务平台、保定服务平台、天津服务平台、大同服务平台七个，范围涉及市内和市外多省。此模式下，服务标准化非常重要，因此应指引辅导的契机，该团队完成《知识产权服务手册—2018 版》，并将以此为第一版逐步完善每年做更新，保证服务能力不断提升。

5. 其他方面

试点工作期间，梦工场积极落实同业内权威服务资源的配合和衔接工作。梦工场主动引导企业对接知识产权保护中心备案工作，帮助企业快速了解中心工作享受知识产权快速预审等知识产权保护服务，通过举办政策宣讲活动、定向邀约企业等形式帮助备案企业超过 30 家次。

（三）对接知识产权公共服务及管理部门情况

1. 北京市保护知识产权举报投诉服务中心

梦工场自 2015 年获得北京 12330 工作站称号，连年获得评选优秀工作站，从维权援助角度梳理企业需求，建立企业服务台账，丰富体系内的知识产权服务资源，不断精准对接企业需求。据统计梦工场工作站年处理知识产权保护相关需求 200 余次，帮助企业沟通北京 12330 通道获得帮助，同时按期参加北京 12330 联络员培训会，跟北京 12330 专家保持良好沟通，获得专业辅导和提升等（见图 6-1）。

图 6-1　梦工场月咨询报表情况

2. 中关村知识产权促进局

梦工场作为中关村智造大街的运营公司，对于服务园区企业进行了较多内容的顶层设计。其中，关于知识产权服务，梦工场保持跟中关村知识产权局、海淀区知识产权局的长期沟通，积极配合中关村知识产权保护中心落地大街，为企业提供便捷的快速预审等内容知识产权服务。同时，梦工场响应中关村知识产权促进局各项政策指导，从自身做起建立知识产权在企业中的制度体系，逐渐申请包括专利试点、示范、贯标等资质和荣誉，逐步做到知识产权助力企业发展的工作目标。

（四）签约知识产权服务机构情况

梦工场服务体系以自营知识产权服务为主，辅助战略合作方式引入知识产权运营和商业化服务团队共同为企业提供知识产权服务，服务机构共计9家，其中原有机构5家，新增3家，1家正在签订协议过程中。情况如表6-2所示。

表6-2　梦工场签约知识产权服务机构情况表

序号	合作性质	服务机构名称	服务内容	属性
1	自营	北京恒泰铭睿知识产权代理有限公司	专利申请、复审等、专利权转让、归属纠纷	原有
2	战略合作	北京万慧达知识产权代理有限公司		原有
3	战略合作	北京汇捷知识产权代理有限公司		原有
4	战略合作	北京青诚知识产权代理有限公司		原有
5	战略合作	北京勤于知识产权代理有限公司		新增
6	战略合作	北京万驰知识产权代理有限公司		新增
7	战略合作	北京三聚阳光知识产权代理公司		原有
8	战略合作	北京中金浩资产评估有限责任公司	无形资产评估等商业化服务	签订中，已开展业务
9	战略合作	北京知识产权运营管理有限公司	知识产权评价分析、质押贷款等知识产权运营服务	新增

（五）试点工作体会及建议

鉴于指引试点工作的开展，团队在4个月时间内不断应标做改进，协调资源落实改进措施，同时总结工作经验并反馈到工作实施中。经归纳总结，建议试点工作补充以下内容，该团队将持续保持对试点工作的关注，以期持续完善：

1. 增加辅导专家沟通频次

试点工作具体实施效果有赖专家辅导，专家沟通频次和专家实地辅导次数决定辅导效果，建议增加沟通频次和当面沟通的机会帮助载体梳理提升思路。

2. 能获得授牌认可

目前，载体通过试点工作能得到服务能力的实质提升，专家辅导效果非常明显。已获批的红头文件为：《北京市保护知识产权举报投诉服务中心关于认定 2018 年度北京市创新创业载体知识产权服务试点单位的通知》，希望在试点工作通过验收后能获得正式授牌，授牌内容能更为直观，如知识产权服务贯标单位等。

3. 增加试点工作总结大会，分享经验

2018 年同批参加试点工作的有 5 家创新创业载体，各载体服务基础不同、辐射领域不同，差异性非常明显。希望提供机会，载体能在北京 12330 引导下开展经验分享，取长补短，完善自身同时开展资源合作，共同做好知识产权服务。

4. 增加针对载体提供的专项培训项目

载体完成试点工作验收后，各自均能产生不同方向、不同程度的服务提升效果。在服务梳理的过程中，肯定也存在一些项目在短短的 4 个月时间内无法完全提升到位的情况。建议试点工作能额外增加一次专项培训提升的机会，将是对载体服务的一次重点提升，资源的灌注将快速帮助载体建立服务优势，占领服务市场。

第二节　昌平发展知识产权发展中心

为深入贯彻落实国家、北京市有关加强知识产权保护、支撑创新创业的文件要求，在北京市保护知识产权举报投诉服务中心（以下简称"北京12330"）等单位的指导和帮助下，昌平发展知识产权中心试点工作顺利实施。现将相关情况总结如下：

（一）试点载体基本情况

1. 情况简介

作为首批北京市创新创业载体知识产权服务试点单位之一，昌平发展知识产权发展中心（以下简称"昌发展"）无疑是这5家单位中成立时间最短的一个，也是唯一一家非北京12330工作站/分中心的试点单位。

2.《创新创业载体知识产权服务指引》落实情况

根据《创新创业载体知识产权服务指引》要求，配备知识产权工作人员3人，包括专职人员1人，兼职人员2人。建立知识产权工作制度，明确岗位职责、管理制度、背景调查制度、需求调查制度等。对接13个知识产权公共服务及管理部门，包括北京12330、昌平区知识产权局、德和衡律师事务所、路浩、赛迪顾问、中国诚信信用管理股份有限公司、中国科学院大学培训中心、北京布瑞知识产权代理有限公司、中国电子技术标准化研究院、中关村英普斯蔓软件行业知识产权促进会、北京国际工程咨询公司、和君集团、中国诚信信用管理股份有限公司。签约知识产权服务机构10个，类型包括代理服务、法律服务、信息服务、咨询服务、培训服务、商用化服务等。引入知识产权服务导师6人，导师参与次数4次。宣讲知识产权政策6次，举办知识产权培训 8 次等。具体落实情况见表 6-3。

表6-3　昌平发展知识产权发展中心知识产权服务指引落实情况

	人员类型	人数	专业背景
知识产权 工作人员	专职	1	电气工程
	兼职	2	管理学、机电工程
	其中试点期间新增	1	—
	人员总数	3	—
知识产权 工作制度 （已建立 请打√）	岗位职责：	√	
	管理制度：	√	
	背景调查制度：	√	
	需求调查制度：	√	
	政策收集制度：	√	
	其他，具体为：		
对接知识 产权公共 服务及 管理部门	个数：	13	
	具体单位包括：	北京12330、昌平区知识产权局、德和衡律师事务所、路浩、赛迪顾问、中国诚信信用管理股份有限公司、中国科学院大学培训中心、北京布瑞知识产权代理有限公司、中国电子技术标准化研究院、中关村英普斯蔓软件行业知识产权促进会、北京国际工程咨询公司、和君集团、中国诚信信用管理股份有限公司	
签约 知识产权 服务机构	数量：	10	
	类型包括：	☑代理服务　☑法律服务　☑信息服务 ☑咨询服务　☑培训服务　☑商用化服务 ☑其他	
引入 知识产权 服务导师	数量：	6	
	导师参与人次：	4	
知识产权 政策宣讲	次数：	6	
举办知识 产权培训	次数：	8	

	次数：	53	
提供知识产权服务	类型：	☑知识产权申请服务 ☑知识产权专业咨询 ☑知识产权涉外合作 ☑调查入驻团队/企业知识产权现状 ☑收集入驻团队/企业的知识产权需求	☑举办知识产权培训 ☑知识产权投融资 ☑知识产权保护

（二）试点工作成效

由于昌发展·龙域中心项目属于新建载体，2018 年刚刚进入稳定运营阶段，对照《创新创业载体知识产权服务指引》的工作要求，在成为试点单位之初，在工作体系建立、服务资源聚集、政策服务及专业服务等方面还有一定的改善和提升空间。在北京 12330 及昌平知识产权局的支持辅导下，经过4 个多月的学习与实践，昌发展从载体知识产权体系建设、知识产权服务资源聚集、知识产权政策宣贯工作机制、为企业提供知识产权专业服务等方面，都有了很大的完善与提高。

对照《创新创业载体知识产权服务指引》的工作要求，昌发展主要完成了以下工作：

1. 建立知识产权服务体系

岗位设置与人员配备。龙域中心项目设有知识产权服务小组，为企业提供一站式的企业服务，主要包括智慧政务、科技金融、技术创新、国际交流、人才关爱和基础服务六大类。试点前工作小组有 2 人兼职负责知识产权工作。基于指引要求，昌发展设立知识产权服务经理岗位，并增加 1 位具有理工科背景的专职人员负责；建立载体知识产权管理制度。在北京市 12330 的支持辅导下，昌发展制定了知识产权工作管理办法，将工作人员的岗位职责与分工、知识产权管理制度、背景调查制度、企业服务需求调查制度、政策收集制度及工作机制等标准明确。

2. 聚集知识产权服务资源

试点工作之前，昌发展作为中国知识产权发展联盟理事单位，借助行业组织的力量和国家知识产权运营公共服务平台，为企业提供知识产权交流协作平台；此外，昌发展与昌平区知识产权局的沟通也非常密切，相关知识产权政策能够及时传递到入驻企业并得到较好贯彻。基于本次试点活动，北京市12330为该机构推荐了很多优质的知识产权服务资源，包括公共服务资源，创业导师，服务机构。昌发展结合自身入驻企业的发展阶段、行业属性等，经过遴选签约了10家优质的服务机构作为入驻企业的第三方资源，并签约6位明星导师作为龙域中心的知识产权导师，与13家公共服务平台保持密切联系。

3. 建立政策宣贯机制

昌发展非常重视双创企业相关政策宣贯。试点期间进行大小规模共6次政策宣贯，主要包括以下3种宣贯形式：①公共服务机构政策宣讲，如昌平区知识产权局在昌发展·龙域中心和奇点中心共举行2次小微双创政策宣讲会，基本涵盖昌发展现有入驻所有企业，以及空间潜在入驻企业；②昌发展政策小讲堂2次，由昌发展政策导师专人负责对有需求的入驻企业进行政策辅导，并协助企业进行政策项目申报材料审核；③邀请知识产权机构导师对企业进行知识产权培训的同时，进行政策宣讲。

4. 开展知识产权专业服务

试点期间，基于对入驻企业需求的调研及对企业整体发展状况的资料收集，进行知识产权类服务共计50余次，主要包括政策咨询辅导、国高新、专利、软件著作权的申请、维权诉讼等方面，并关注重点企业的知识产权服务需求响应。例如，乐驾科技是龙域中心明星企业，通过知识产权专业机构辅导，乐驾科技签约了第三方机构委托管理知识产权。目前共有知识产权60余项，其中专利 21 项。针对语音识别和抬头显示设备，乐驾科技率先申请发明专利，既保护了乐驾科技核心技术和知识产权，又促进了乐驾科技的国际合作。2018 年，霍尼韦尔与乐驾科技独家战略合作，联合推出汽车安全隐患智能检测仪。基于知识产权保护工作，乐驾科技和国际龙头企业达到了合作共赢的双赢结果。

5. 初见服务成效

随着龙域中心知识产权工作的顺利开展，龙域中心在孵企业知识产权总量获得大幅提升，知识产权总量达到 800 余个，专利 270 余个。进一步促进了企业资质的提升，龙域中心硬科技产业集聚度达到 60% 以上。目前，共有国高新企业 30 余家，千人计划 3 人，高聚工程 2 人，雏鹰人才 17 人，金种子企业 9 家，北京市新技术新产品 10 余个，企业获得融资额 6.5 亿元。

6. 创新尝试展现工作亮点

昌智汇是昌发展为服务入驻企业自主开发的手机 APP，集信息发布、基础服务、产业服务、活动论坛等功能于一身。为扩大服务范围，实现让更多企业重视知识产权的目的，昌智汇为知识产权服务的推广发挥了重要作用，从政策发布到活动组织报名，从需求调研到培训效果反馈等，都通过昌智汇 APP 进行。知识产权相关的辅导成为昌智汇板块技术创新的专题内容，签约的第三方服务机构也都在 APP 中上架可供企业随时查看。这是传统产业服务与互联网结合的创新性的尝试。

（三）调查入驻团队分析

1. 调查入驻团队/企业知识产权现状

调查机制：空间管理人员在与入驻企业的接触和服务中，应询问企业的专利拥有量、机构设置、有无侵权发生、知识产权战略等情况。

2. 收集入驻团队/企业的知识产权需求情况

需求调查机制：空间管理人员在与入驻企业的接触和服务中，对各企业提出的问题进行认真回答，并依据问卷调查了解企业在知识产权方面的服务需求。基于调查情况，每季度更新入驻企业的知识产权统计汇总表，关注企业的知识产权成长状况。

（四）试点工作的体会与建议

1. 试点工作体会

一是服务工作很难做，如何建立入驻企业对载体的信任非常重要；二是体系建设和贯彻意义深远，基于知识产权试点工作体系建设、制度完善、流程梳理、岗位与职责的认定，以及工作记录和成果文件的标准，对于整个产业服务都是很好的参考和借鉴；三是服务企业要更好地掌握分寸，在企业需要的时间为企业提供相应的服务，解决问题，而不是给企业增加困难；四是知识产权服务要有侧重点，对于不同成长阶段、不同发展状况的企业，投入的精力要不同。对于重点企业要投入大部分的精力来辅助。

2. 建议及下一步工作计划

（1）继续强化建立资源和渠道合作服务。争取与更多第三方机构建立平台合作体系，尤其是知识产权信息检索、商业化运营类别的机构合作，为企业提供更加便捷的合作供应商。

（2）做好专业平台建设和服务。继续做好专业孵化服务平台建设，集聚优质科技服务资源，把知识产权服务平台和科技信息平台等做实，线上线下服务标准化、体系化、规范化、专业化，适应企业创新发展的要求。

（3）提升服务人员业务能力。优化团队的专业知识结构和组织分工，提高专业服务能力。依托知识产权和法律事务等全面辅导更好地帮助企业促进其发展。

（4）经验复制。依托在龙域中心的知识产权服务工作的组织经验，在昌发展运营的其他空间载体复制推广，输出服务管理标准化产品。

第三节 普天德胜孵化器

（一）试点载体基本情况

1. 基市简介

北京普天德胜科技孵化器有限公司，成立于 2002 年，适于国有企业，是国家级科技企业孵化器。

2.《创新创业载体知识产权服务指引》落实情况

根据《创新创业载体知识产权服务指引》，配备知识产权工作人员 8 人，包括专职人员 3 人，兼职人员 5 人。建立知识产权工作制度，除明确岗位职责、管理制度、背景调查制度、需求调查制度等，还包括知识产权台账制度、学习交流制度、知识产权档案管理制度。对接 4 个知识产权公共服务及管理部门，包括北京 12330、北京市知识产权局、西城区知识产权局、西城工商分局商标科。签约知识产权服务机构 8 个，类型包括代理服务、法律服务、信息服务、咨询服务、培训服务、商用化服务等。引入知识产权服务导师 6 人，导师参与次数 6 次。宣讲知识产权政策 5 次，举办知识产权培训 6 次等。具体落实情况见表 6-4。

表 6-4 普天德胜知识产权服务指引落实情况表

	人员类型	人数	专业背景
知识产权工作人员	专职	3	理工科（含研究生）
	兼职	5	理工、文科（含研究生）
	其中试点期间新增	5	理工、文科（含研究生）
	人员总数	8	理工、文科（含研究生）

知识产权 工作制度 （已建立 请打√）	岗位职责：	√
	管理制度：	√
	背景调查制度：	√
	需求调查制度：	√
	政策收集制度：	√
	其他，具体为：	知识产权台账制度；学习交流制度；知识产权档案管理制度
对接知识产权 公共服务及 管理部门	个数：	4
	具体单位包括：	北京12330、北京市知识产权局、西城区知识产权局、西城工商分局商标科
签约 知识产权 服务机构	数量：	8
	类型包括：	☑代理服务　☑法律服务　☑信息服务　☑咨询服务 ☑培训服务　☑商用化服务　☑其他
引入知识产权 服务导师	数量：	6
	导师参与人次：	6
知识产权 政策宣讲	次数：	5
举办知识 产权培训	次数：	6
提供知识 产权服务	次数：	362
	类型：	□知识产权申请服务　☑举办知识产权培训 ☑知识产权专业咨询　□知识产权投融资 ☑知识产权涉外合作　☑知识产权保护 ☑调查入驻团队/企业知识产权现状 ☑收集入驻团队/企业的知识产权需求

（二）试点工作开展情况

1. 知识产权工作体系逐步完善

普天德胜孵化器设立知识产权部，挂靠在企业服务部，由公司副总直接管理，主要职责是为入驻企业提供知识产权服务，同时也承担普天德胜自身涉及的知识产权创造、运用、保护和管理相关职责。知识产权部配备 3 名知识产权服务专职人员，均为理工科背景，另有兼职人员 5 名，经过培训上岗，熟悉知识产权相关法律知识，负责普天德胜知识产权日常事务工作，包括对接服务需求、联系服务机构、登记知识产权信息等。

按照《创新创业载体知识产权服务指引》的要求，完善制定《北京普天德胜科技孵化器有限公司知识产权工作管理办法》，办法从公司知识产权工作管理机构及职责、知识产权工作管理任务两个方面提出要求，明确了知识产权服务的流程、制度以及具体工作要求，将孵化器的知识产权服务流程化、制度化、规范化，提升孵化器的知识产权专业服务水平和能力。

2. 知识产权服务资源形成聚集

2018 年普天德胜新增选聘知识产权服务导师 5 名，新增签约知识产权服务机构 3 家；截至目前，普天德胜共有知识产权专业服务导师 6 名，签约的知识产权服务机构 8 家，其中星级机构 3 家，知识产权服务资源集聚效应初显，利于孵化器创新知识产权服务模式、加速知识产权服务与产业的深度融合，使知识产权服务支撑创新创业的作用更加突出。

3. 知识产权专业服务能力持续提升

（1）开展企业知识产权保护与运用培训。

载体培育期间，普天德胜开展知识产权相关活动 11 次，包括专题培训、"12330 服务日"、研讨调研等多种形式，内容涵盖知识产权的申请与知识产权管理体系建设、知识产权政策等知识产权初级培训；企业专利挖掘与撰写、商业秘密保护策略以及走出去企业的知识产权风险防范和纠纷应对等进阶培训；还有针对企业商标申请、国际专利申请与保护、技术标准等企业个性化问题的一对一辅导、研讨调研。此外，普天德胜作为联合举办单位，协助北京 12330 西城分中心开展知识产权专题培训 3 场，并组织近 40 家企业参与。

在普天德胜承办的"全国科技工作者日"交流活动现场，普天德胜专门设立知识产权咨询展台，为入驻企业及广大科技工作者提供知识产权保护与运用现场咨询服务，并汇总企业的知识产权需求和问题，为后续知识产权工作的开展提供指导。

（2）开展形式多样的知识产权宣传活动。

围绕 2018 世界知识产权日主题"变革的动力：女性参与创新创造"，普天德胜制作知识产权保护宣传灯箱片，在孵化器内长期展示；结合"4·26"世界知识产权日主题定制保护知识产权宣传雨伞，并赠送给创业企业；作为中关村西城园协会秘书长单位，普天德胜联合西城园协会，推出"知识产权宣传月"活动，利用微信公众号平台，4 月每周一期精选、推送全知识产权类型保护信息（共计 25 篇），向普天德胜和西城园企业普及知识产权的常识、政策和应用实务；在"4·26"当天，普天德胜组织入驻企业赴奥森参加"加强知识产权保护，营造冬奥会世园会良好环境"北京市知识产权户外咨询活动，同时，利用多元手段（电子条屏、移动电视、网站、微信群等）向孵化器入驻企业和西城园协会会员单位进行保护知识产权宣传，并利用午休时间，在园区内企业员工休憩空间设立保知宣传台，通过答题竞猜、关注北京 12330 和普天德胜工作站公众号等形式与企业员工互动交流、发送保知宣传品，合计发出宣传品、奖品等 300 余份，让知识产权保护意识深入人心，让更多的科技人员了解、重视知识产权。在全国双创周期间，普天德胜利用电子显示屏显示双创口号、宣传知识产权保护标语。

（3）协助企业申报知识产权项目，用好用足政策。

2018 年，普天德胜面向入驻企业开展知识产权项目申报服务 13 项，内容包括知识产权维权援助、知识产权制度与标准制定、专利资助金以及知识产权专项经费申请等，组织 8 家企业申报"2018 年度北京市知识产权试点示范单位"，组织 14 家企业进行北京市专利试点示范单位确认，组织 7 家企业申报 2018 年中关村提升创新能力优化创新环境资金（专利），5 家企业申报 2018 年中关村提升创新能力优化创新环境资金（商标），1 家企业申报 2018

年中关村技术创新能力建设专项（技术标准部分）支持资金。此外，在3月公布的"2017年度北京市专利试点单位"名单中，普天德胜5家入驻企业成功入选，企业的自主研发能力和专利工作基础受到肯定。

4. 知识产权服务亮点

普天德胜自2010年起，以"走出去"与"请进来"相结合的方式，开展国际交流与合作。每年分3~4批，组织并全额资助重点入驻企业高管到美国、以色列、德国、意大利、芬兰、日本、印度等国家考察交流，帮助企业扩展海外市场、开展国际合作，以及引进国际前沿技术和高科技人才到孵化器内合作交流、落地发展，实现人才、技术、资本在国际间的流转。截至目前，普天德胜已落地"中意企业创新中心""中以创业孵化联合体""北京—特拉维夫创新中心"，2018年10月，普天德胜驻法兰克福联络处正式挂牌。普天德胜还被认定为"中国留学人员创业园区孵化基地"和"中关村普天海外人才创业园"，孵化器内拥有海创企业四十余家，海外高层次人才三十余位，留学归国人员三百余位。基于入驻企业的国际化背景，普天德胜着重筛选有海外业务的企业，将其列为重点关注企业，有针对性地为其提供海外知识产权保护、企业产品出口前知识产权风险预警以及企业海外参展中的知识产权纠纷应对等培训与咨询服务，强化企业在国际化过程中的知识产权保护意识。

5. 年度知识产权台账

普天德胜每年例行梳理企业知识产权台账，掌握企业知识产权状况，为企业提供精准服务做好基础。2018年1~10月，普天德胜入驻企业新增发明专利申请838项，发明专利授权704项，实用新型51项，外观设计48项，商标申请1070项，商标授权11项，软件著作权125项。

（三）试点工作成效

《创新创业载体知识产权服务指引》试点工作成效初步显现，试点期间，普天德胜订立并完善了《北京普天德胜科技孵化器有限公司知识产权工作管理办法》，明确了知识产权服务岗位职责，将孵化器的知识产权服务流程化、制度化、规范化，为提升孵化器的知识产权专业服务水平和能力提供了基础保障。试点期间，普天德胜新增选聘知识产权服务导师 5 名，新增签约知识产权服务机构 3 家，专业化服务机构的聚集有利于孵化器创新知识产权服务模式、提升知识产权服务能力和水平，使知识产权服务支撑创新创业的作用更加突出。此外，普天德胜汇集国家、北京市、中关村、西城区各级政府部门对于知识产权的扶持、资助政策，汇编成册，以供企业咨询查阅。

（四） 试点工作体会及建议

北京 12330 中心编制了《创新创业载体知识产权服务指引》（以下简称《指引》），《指引》从试点的目的、基本原则、适用对象、双创载体知识产权服务要求、双创载体知识产权服务内容等几个方面展开详细介绍，并附录知识产权的申请流程、费用与时限，知识产权管理机构、公共服务和知识产权服务机构等内容。《指引》贴近载体服务，内容详尽、清晰简明，非常适合孵化器从业人员学习，为孵化器知识产权服务的开展列示了清晰的步骤，对于规范孵化器知识产权服务工作起到很大的作用。未来该机构拟按照《指引》的指导，继续开展知识产权服务，持续提升知识产权专业服务能力和水平，真正将知识产权服务融入创新创业的全过程，更好地服务各类有需求的创业企业。

第四节　北京金丰和科技企业孵化器
有限责任公司

（一）试点载体基本情况

1. 载体简介

北京金丰和科技企业孵化器有限责任公司（以下简称"金丰和孵化器"）是一家地处中关村西城园，成立于 2002 年，以新一代信息技术和智慧教育为主导产业的国家级专业型孵化器。

2.《创新创业载体知识产权服务指引》落实情况

根据《创新创业载体知识产权服务指引》，配备知识产权工作人员 3 人，均为专职人员。建立知识产权工作制度，除明确岗位职责、管理制度、背景调查制度、需求调查制度等，还包括制定《知识产权工作管理办法》。对接 11 个知识产权公共服务及管理部门，包括北京市知识产权局、北京市保护知识产权举报投诉服务中心、北京市中小企业公共服务平台、北京市创业孵育协会、中关村知识产权促进局、中关村西城园管委会、北京市西城区科技和信息化委员会、北京市西城区知识产权局、北京市西城区发展服务中心、北京市西城区生产力促进中心和北京市西城区科学技术协会。签约知识产权服务机构 21 个，类型包括代理服务、法律服务、信息服务、咨询服务、培训服务、商用化服务等。引入知识产权服务导师 5 人，导师参与次数 5 次。宣讲知识产权政策 29 次，举办知识产权培训 37 次等。具体落实情况见表 6-5。

表6-5　金丰和孵化器知识产权服务指引落实情况表

	人员类型	人数	专业背景
知识产权 工作人员	专职	3	法学、软件工程、计算机网络
	兼职		
	其中试点期间新增	1	计算机网络
	人员总数	3	法学、软件工程、计算机网络
知识产权 工作制度 （已建立 请打√）	岗位职责：	√	
	管理制度：	√	
	背景调查制度：	√	
	需求调查制度：	√	
	政策收集制度：	√	
	其他，具体为：	《知识产权工作管理办法》	
对接知识 产权公共 服务及 管理部门	个数：	11	
	具体单位包括：	北京市知识产权局 北京市保护知识产权举报投诉服务中心 北京市中小企业公共服务平台 北京市创业孵育协会 中关村知识产权促进局 中关村西城园管委会 北京市西城区科技和信息化委员会 北京市西城区知识产权局 北京市西城区发展服务中心 北京市西城区生产力促进中心 北京市西城区科学技术协会	
签约 知识产权 服务机构	数量：	21	
	类型包括：	☑代理服务　☑法律服务　☑信息服务 ☑咨询服务　☑培训服务　☑商用化服务 ☑其他（知识产权投融资、质押）	
引入知识产权 服务导师	数量：	5	
	导师参与人次：	5	
知识产权 政策宣讲	次数：	29	
举办知识 产权培训	次数：	37	

提供知识产权服务	次数：	78
	类型：	☑知识产权申请服务　☑举办知识产权培训 ☑知识产权专业咨询　☑知识产权投融资 ☑知识产权涉外合作　☑知识产权保护 ☑调查入驻团队/企业知识产权现状 ☑收集入驻团队/企业的知识产权需求

（二）试点工作开展情况

2018 年 5 月，金丰和孵化器被北京市知识产权局批准成为创新创业载体知识产权服务试点单位，并在试点期间对建立知识产权工作体系、汇集知识产权服务资源、宣贯知识产权政策、提供知识产权专业服务等方面进行工作改进和完善。期间得到了北京市保护知识产权举报投诉服务中心、北京市中小企业公共服务平台、西城区知识产权局等政府部门及路浩知识产权联盟等专业服务机构的大力支持和帮助，较好地完成了试点期间知识产权工作的开展。

1. 建立知识产权工作体系

（1）知识产权岗位设置。

金丰和孵化器于 2002 年成立，设立了知识产权专项服务岗位，由孵化服务部服务管理。2015 年成立知识产权专职服务机构——金丰和孵化器知识产权工作站，多年来一直做好了区域内的知识产权宣传、培训、保护、维权等工作，并根据服务需求和资源，细化了岗位职责。在试点工作期间，金丰和孵化器根据要求，出台了相关制度，强化了知识产权岗位职责和工作要求，并对知识产权岗位做到了专人专岗，责任清晰。

（2）配备知识产权工作人员。

在试点工作期间，金丰和孵化器进行了岗位调整，将知识产权工作人员的数量由 2 名增加到 3 名，且 3 名工作人员全部为全职知识产权工作人员。其中 2 人具有理工专业本科以上学历，1 人具有法律专业本科以上学历。服务团队具有较好的专业背景。

（3）制定知识产权管理制度。

在试点工作期间，金丰和孵化器建立健全了知识产权相关管理制度，制定了知识产权保密、奖惩、档案管理等制度，完善了创新创业主体知识产权调查收集等相关制度。尤其是出台了《北京金丰和科技企业孵化器有限责任公司知识产权工作管理办法》，更加提升了自身对知识产权的服务能力。

（4）优化公共办公环境。

在试点工作期间，金丰和孵化器在公共环境内进行了知识产权保护的相关宣传，做到了办公区域、会议室之间有物理隔离，办公电脑密码登录，公司使用正版软件等方面的要求，同时在金丰和孵化器区域内建立了知识产权网络信息服务平台。

2. 汇聚知识产权服务资源

（1）对接知识产权公共服务部门及管理部门。

在试点工作期间，金丰和孵化器经常与北京市保护知识产权举报投诉服务中心、北京市中小企业公共服务平台及西城区知识产权局等政府部门进行联系沟通，通过电话咨询、邀请专家培训辅导、申报知识产权项目、知识产权宣传调查问卷等形式，开展了多场知识产权相关活动，受到了区域内创新创业主体的好评。

（2）签约知识产权服务机构。

在试点工作期间，金丰和孵化器新增签约的知识产权服务机构 5 个（集慧智佳、中强智尚、博雅睿泉、金信代理、路浩集团），截至目前，金丰和孵化器共签约了 21 家知识产权服务机构。

（3）引入知识产权创业导师。

在试点工作期间，金丰和孵化器与马佑平、张晶、黄威、黄耀威、李可

5名知识产权创业导师签订了知识产权服务协议，并于每月组织开展创业导师知识产权辅导培训活动。

3. 宣贯知识产权政策

（1）收集知识产权政策。

在试点工作期间，金丰和孵化器由知识产权服务专员对相关政策进行采集和编译，将各类政策传达至金丰和知识产权公共服务信息交流平台，同时对重要的政策进行咨询解读。

（2）开展知识产权政策宣讲。

在试点工作期间，金丰和孵化器加强了对知识产权政策的宣贯工作。在采集到创新创业主体的需求及知识产权相关政策后，金丰和孵化器会联系政府部门相关政策专家及知识产权创业导师，对多数需求以培训活动的形式进行答疑解惑，对少数或个别需求进行上门辅导，同时在知识产权服务交流平台上对提出的问题进行答疑解惑。试点工作期间，金丰和孵化器共开展知识产权宣讲活动29场，上门进行知识产权辅导78家次。

4. 提供知识产权专业服务

（1）提供知识产权申请、投融资、保护等专业服务。

在试点工作期间，金丰和孵化器为入驻的创新创业主体解答有关专利、商标及著作权申请咨询的问题17次；针对重点企业提出的问题，进行了详细的解答；积极联系银行、科技担保等服务机构，与入驻企业需求进行对接，提供知识产权投融资服务；同时做好了入驻企业知识产权需求调查分析，对重点企业建立了知识产权台账制度。

（2）举办知识产权培训活动。

在试点工作期间，金丰和孵化器共举办涉及企业知识产权战略规划、企业知识产权挖掘、企业知识产权管理运营、企业知识产权保护及企业知识产权申请实务等方面的培训活动37场，参会人数合计267人次，基本上覆盖了区域内的重点企业和全部入驻企业。

（三）试点工作成效

在试点工作期间，金丰和孵化器在知识产权建章立制、资源聚集、政策宣贯、专业服务等方面取得了较大的进步。具体成效如下：

1. 出台了《北京金丰和科技企业孵化器有限责任公司知识产权工作管理办法》，做到了知识产权工作管理有制度可依

全面贯彻知识产权工作"整合资源、搭建桥梁、突出特色、规范服务"的原则，进一步明确了金丰和知识产权工作的管理部门和职责，同时规定了较为具体的工作任务，做到了工作到岗、责任到人。试点工作期间，修订了知识产权运营管理、知识产权工作流程、知识产权服务标准、知识产权政策采集、知识产权需求分析、知识产权对外服务等相关制度。

2. 加强知识产权政策宣贯，为入驻企业提供知识产权专业服务

金丰和孵化器针对区域内创新创业主体在知识产权领域的不同需求，为了强化知识产权宣传、保护意识及服务能力提升，组织开展了多次活动。通过组织主题鲜明的具体活动，进一步提升了创新创业主体的知识产权维权意识和维权能力。

一是召开5次知识产权工作协调座谈会，知识产权维权宣传说明会、知识产权服务工作机制研讨会等会议，同知识产权专业服务机构、部门重点企业一起，统一思想、查找问题，找出制约知识产权服务品质提升的问题和难点，汇聚各类服务资源，集中力量进行解决。

二是积极组织包括"企业知识产权战略布局、企业专利信息利用能力提升、企业知识产权内部挖掘、企业知识产权工作实务"等内容的知识产权培训活动，邀请北京市12330、北京市知识产权法院、西城区知识产权局、首都知识产权志愿服务专家及各大知识产权服务机构的导师为金丰和孵化器内的创新创业主体，就各类知识产权问题进行讲解培训，为企业提供了良好的

知识产权服务。工作试点期间共计组织培训活动 37 场，参会人数 414 人次。

三是借助"4·26"世界知识产权宣传日、北师大金丰和实训基地揭牌活动、中国专利周、12330 知识产权服务日等契机，金丰和孵化器广泛地进行知识产权保护维权工作的宣传。在活动中，免费为入驻企业发放知识产权宣传册、宣传品，并就在宣传活动中提出的各类知识产权问题耐心解答。通过这样的活动，让知识产权的保护和维权意识更加深入人心。在活动期间还进行 12330 知识产权服务日的上门走访服务，主动了解重点企业在发展过程中知识产权工作存在的主要问题，做好服务对接工作。在试点工作期间，金丰和孵化器进行知识产权宣传活动 29 次，走访企业 78 家次，解答各类知识产权问题 95 件。

四是充分利用现代化网络通信手段，健全完善金丰和知识产权服务平台运营机制。通过"政策信息收集+官网政策转载+现代即时工具推送+科技信息分享+线下专门提醒"，大力宣传知识产权相关的政策和信息，发布有关知识产权业务培训、政策资金申报、科技项目申报、维权沙龙、实务研讨、专利奖项评选、知识产权战略布局、知识产权创新能力建设、专利评估知识产权纠纷应对等方面的内容，同时发布知识产权日常知识小贴士，转载北京市 12330 官网公众号政策信息，利用现代化通信手段做到最大限度进行知识产权的宣传。在试点工作期间，金丰和孵化器收集各类知识产权政策信息 40 条，发布 40 条，转载北京 12330 微信公众号信息 287 条。

3. 加强知识产权服务人员服务能力提升，做好知识产权专业资源整合

在试点工作期间，金丰和孵化器知识产权专业服务人员积极参加北京 12330 及知识产权专业机构组织的联络员及知识产权能力提升的各项活动。在日常工作中，做好了孵化期内企业的知识产权申报、咨询，举报投诉，提供知识产权维权援助线索、解答企业提出的知识产权保护法律咨询、举办各种与知识产权相关的培训、调研、研讨活动，并认真做好学习笔记和咨询记录。金丰和孵化器在提升自身知识产权服务能力的同时，也积极与北京

12330、北京中小企业公共服务平台、西城知识产权局、西城区生产力促进中心等政府部门及北京知呱呱科技服务有限公司等机构进行合作，整合政府资源和科技中介资源，扩大服务渠道，提升服务能力，使入驻企业的知识产权难点问题能够得到顺利解决。

4. 以创新创业主体需求为导向，健全完善入驻企业知识产权台账

在各创新创业主体进入初期，金丰和孵化器就积极联系企业开展知识产权信息的采集，并建立健全入驻企业知识产权台账，有针对性地对重点企业进行知识产权服务。在健全完善企业知识产权台账的工作上，采取了定向收集、网上采集、走访询问等多种工作方式来保障知识产权台账的及时性和完整性。金丰和孵化器的知识产权服务专员都会与入驻企业知识产权的负责人进行对接，了解该公司知识产权的情况和具体的需求，建立定期走访和询问机制。同时，知识产权服务专员，也会定期在国家知识产权局、商标网、版权中心等政府官方网站对企业的发明、实用新型、外观设计等专利及商标、软件著作权等知识产权进行数据的查询与采集，并对达到一定知识产权规模的企业进行重点关注和走访，解决入驻企业在知识产权申报、审批、保护、维权等过程中遇到的问题，更好地为入驻企业进行知识产权服务。据统计，现在金丰和孵化器内入驻企业有效知识产权累计2145件，其中发明专利84件、实用新型专利229件、外观设计专利125件、注册商标825件、软件著作权882件。

（四）试点工作体会及建议

（1）加强知识产权宣传力度，使知识产权保护维权意识深入人心。在区域内设置知识产权宣传专区，充分发挥好知识产权图书角的功能，在明显位置播放知识产权宣传广告，同时配合知识产权经典案例的书籍和音像制品广泛宣传。

（2）加强区域内知识产权需求的挖掘，有针对性地进行一对一上门辅

导。同时对科技孵化器、众创空间等科技机构制定完善的考核办法和流动进出机制，做到优胜劣汰。

（3）加强对知识产权服务人员能力的提升，做好绩效考核工作，并把人员奖惩和激励机制落到实处。科学量化考核指标，充分利用激励机制发挥专业服务人员的主观能动性，自觉提升自身服务能力。

第五节　北京东方嘉诚文化产业发展有限公司

（一）试点载体的基本情况

（1）作为第一批创新创业载体知识产权服务试点单位中唯一一家文创载体代表，北京东方嘉诚文化产业发展有限公司（以下简称"东方嘉诚"）的创办者是科技园区，是一家综合型的国家级载体。

（2）《创新创业载体知识产权服务指引》落实情况。根据《创新创业载体知识产权服务指引》（以下简称《指引》），配备知识产权工作人员 41 人，其中专职人员 4 人。建立知识产权工作制度，除明确岗位职责、管理制度、背景调查制度、需求调查制度等，还包括制定《创新创业载体知识产权服务机构服务绩效考核办法》。对接 3 个知识产权公共服务及管理部门，包括北京 12330、东城区 12330 分中心、东城知识产权局、东城区中小企业服务中心。签约知识产权服务机构 6 个，类型包括代理服务、法律服务、信息服务、咨询服务、培训服务。引入知识产权服务导师 3 人，导师参与次数 3 次，宣讲知识产权政策 15 次，举办知识产权培训 14 次等。具体落实情况见表 6-6。

表6-6　东方嘉诚知识产权服务指引落实情况表

	人员类型	人数	专业背景
知识产权 工作人员	专职	4	法律系、理工科
	兼职	25	本科
	其中试点期间新增	12	本科
	人员总数	29	本科
知识产权 工作制度 （已建立 请打√）	岗位职责：	√	
	管理制度：	√	
	背景调查制度：	√	
	需求调查制度：	√	
	政策收集制度：	√	
	其他，具体为：	创新创业载体知识产权服务机构服务绩效考核办法	
对接知识产权 公共服务及 管理部门	个数：	3	
	具体单位包括：	北京12330、东城区12330分中心、东城知识产权局、东城区中小企业服务中心	
签约 知识产权 服务机构	数量：	6	
	类型包括：	☑代理服务　☑法律服务　☑信息服务 ☑咨询服务　☑培训服务　□商用化服务　□其他	
引入知识产权 服务导师	数量：	3	
	导师参与人次：	3	
知识产权 政策宣讲	次数：	15	
举办知识 产权培训	次数：	14	
提供知识 产权服务	次数：	25	
	类型：	☑知识产权申请服务　☑举办知识产权培训 ☑知识产权专业咨询　☑知识产权投融资 ☑知识产权涉外合作　☑知识产权保护 ☑调查入驻团队/企业知识产权现状 ☑收集入驻团队/企业的知识产权需求	

（二）试点工作开展情况

作为第一批创新创业载体知识产权服务试点单位中唯一一家文创载体代表，东方嘉诚全面落实《创新创业载体知识产权服务指引》要求，按照《北京东方嘉诚文化产业发展有限公司知识产权工作管理办法》《北京东方嘉诚文化产业发展有限公司知识产权服务试点辅导方案》要求开展知识产权工作，完善知识产权服务工作机制，规范知识产权服务内容。更好地协助入驻企业提升知识产权创造、运用、保护、管理综合能力，在创新创业中实现可持续发展。

试点期间，在北京 12330、东城区知识产权局、东城区 12330 分中心等有关部门的指导和支持下，东方嘉诚遵循"整合资源、搭建桥梁、突出特色、规范服务"的原则，在现有工作基础上，健全知识产权管理工作体系，进一步提升团队的知识产权服务水平，为入驻企业提供更加优质的知识产权服务，确保试点工作取得实效。

1. 建立知识产权工作体系

（1）东方嘉诚设立知识产权部，设置知识产权岗位，配备 6 名知识产权工作人员，其中负责人 1 名，全职知识产权专员 3 名，具有法律专业本科学历和理工专业本科学历，设置多名兼职联系员，具体负责东方嘉诚知识产权日常事务工作，包括对接服务需求、联系服务机构、登记知识产权信息等。

（2）在现有制度的基础上，修订完善了知识产权管理制度。包括完善拟入驻企业知识产权背景调查制度、入驻企业知识产权台账制度、入驻企业知识产权需求调查制度、知识产权政策收集制度等内容。

（3）加强东方嘉诚知识产权保护公共环境建设。张贴公共环境知识产权保护方案或相关规定。公共办公区、会议室等采用物理隔离，避免造成企业商业秘密泄露。办公电脑使用密码登录。引导东方嘉诚内部和入驻企业使用正版软件。

2. 聚集知识产权服务资源

（1）对接知识产权公共服务部门及管理部门。通过电话咨询、邀请专家培训辅导、配合知识产权部门联合执法等形式，与北京 12330、东城区知识产权局、东城区中小企业服务中心 12330 工作站等保持经常性联系。

（2）对接知识产权服务机构。签约知识产权服务机构 3 家。提供知识产权代理、法律、信息、商用化、咨询、培训等类型服务。制定了东方嘉诚知识产权服务机构绩效考核办法，开展绩效考核。

（3）邀请知识产权服务导师。东方嘉诚根据入驻企业的行业分布和知识产权实际需求，邀请 3 位知识产权服务导师为入驻企业提供知识产权公益服务。开展了知识产权服务导师对接会，以及多次知识产权相关培训。

3. 宣传知识产权政策

（1）收集各级政府部门出台的知识产权相关政策，归纳整理，形成知识产权政策汇编并定期更新。包括资金支持类政策以及企业培育类政策（全国性政策、北京市政策、中关村政策）。

（2）开展知识产权政策宣讲。7 月 2 日至 10 月 26 日，试点的知识产权政策宣讲活动一共开展了 15 次，进行知识产权政策辅导的企业 100 余家。这些宣讲活动包括在东城区文化人才（国际）创业园开展的 12330 服务日活动，为 10 家创业企业进行了面对面的交流和指导；在嘉诚印象举办了尊重知识产权普法咨询及政策培训活动；在金宝和空间开展创新创业知识产权保护阶梯培训；在金宝和空间开展了非遗传承人专场创新创业知识产权保护阶梯培训；在京津冀文化产业协同发展中心开展了"文化创意产品知识产权保护"专题培训；在嘉诚印象协助开展了东城区创新创业知识产权保护专题培训等。

4. 提供知识产权专业服务

（1）提供知识产权申请和维权援助服务。一是为入驻企业提供专利、商标及著作权申请咨询，为入驻企业介绍签约知识产权代理机构；二是为企业提供知识产权纠纷应对或维权援助服务，共服务企业 6 家左右。

（2）举办知识产权培训。共举办知识产权培训及咨询活动 15 次，培训活动覆盖重点企业包括图谱天下（北京）科技有限公司、大气团（北京）文化有限公司、北京万企业云服科技有限责任公司等；开展知识产权专业咨询服务，服务企业达 200 余家；根据重点企业提出问题，提供有针对性的咨询服务。

（3）为入驻企业提供知识产权投融资服务。与多家银行、知识产权基金、知识产权评估和担保等相关投融资机构进行对接。

（4）调查入驻企业知识产权现状和需求。对入驻重点企业和普及型企业建立知识产权台账并加以区分；并对嘉诚园区所有入驻企业（250 余家）进行调研，收集入驻企业知识产权需求。

（三）试点工作成效

1. 建章立制

在试点期间，东方嘉诚充分利用此次试点契机，全面落实《指引》要求，加强知识产权工作体系建设，完善知识产权工作机制，进一步规范了东方嘉诚的知识产权服务工作，将知识产权服务融入创新创业全过程。用良好的机制保障知识产权工作顺利开展，更好地服务创新创业。

开展东方嘉诚知识产权服务试点工作会。为试点工作出谋划策，落实各项政策措施，研究解决具体问题。加强组织领导工作，设置岗位配备人员，及时有效地解决知识产权管理工作中遇到的实际问题，推动试点工作取得实效。

2. 资源聚集

试点期间，东方嘉诚加强了与北京 12330、东城区 12330 分中心、东城区中小企业服务中心 12330 工作站等的联系，通过电话咨询、邀请专家培训辅导等形式，及时了解到相关管理部门发布的知识产权、政策等信息，有效协助入驻企业解决知识产权相关的问题和困难。签约知识产权服务机构 6 家。为入驻企业进行知识产权代理、法律、信息、商用化、咨询、培训等不同类型服务。满足入驻企业知识产权方面的全方位需求。制定了知识产权服务机构服务绩效考核办法，提升了对入驻企业知识产权服务效果；邀请了 3 位知识产权服务导师，为入驻企业提供创业过程中的知识产权创造、运用、保护和管理等相关工作辅导。开展多次培训辅导活动，为入驻企业规避创业中的知识产权风险，助力创业企业加速成长。

3. 政策宣贯

一是试点期间，东方嘉诚收集汇编了各级政府部门出台的知识产权相关政策，并定期更新知识产权工作机制，进一步规范了东方嘉诚的知识产权服务工作，将知识产权服务融入创新创业全过程。用良好的机制保障知识产权工作顺利开展，更好地服务创新创业。

二是开展一东方嘉诚知识产权服务试点工作会。为试点工作出谋划策，落实各项政策措施，研究解决具体问题。加强组织领导工作，设置岗位配备人员，及时有效地解决知识产权管理工作中遇到的实际问题，推动试点工作取得实效。

三是宣传资助政策。为相关企业提供知识产权政策咨询对接等服务提供了便利。包括资金支持类政策以及企业培育类政策（全国性政策、北京市政策、中关村政策）。

四是开展试点工作以来，东方嘉诚切实加强知识产权培训、学习，不断提高企业管理人员，以及入驻企业的知识产权意识和素质。共开展知识产权政策宣讲活动 6 次，受益企业及代表 200 余人（家），进行知识产权政策辅导企业达 10 家。

4. 专业服务

试点期间，东方嘉诚对入驻企业更深入进行了调查研究，根据企业实际需求，充分发挥知识产权服务导师作用，为入驻企业提供知识产权专业服务。东方嘉诚对园区 250 余家企业进行了调研，收集企业知识产权情况及相关需求。对入驻重点企业和普及型企业知识产权现状建立了知识产权台账，更清晰地了解到园区企业知识产权情况。依据不同需求，组织开展了不同主题的知识产权培训班共计 6 次，培训活动覆盖了重点企业；同时，对入驻企业提供知识产权申请服务、知识产权专业咨询服务、知识产权投融资服务、知识产权纠纷应对或维权援助服务。共计服务相关企业 30 余家。帮助企业解决了相关问题和困难。

（四）试点工作体会及建议

试点期间，东方嘉诚进行了大量的知识产权服务工作，在效果上也取得了一定成绩，不过还是有很多工作需要进一步完善。特别是作为文化创新创业载体，在提高入驻企业知识产权意识、挖掘和培育入驻企业知识产权等方面有待加强。

1. 进一步加强知识产权宣传培训工作

组织开展一系列特色化宣传培训活动，营造尊重知识，崇尚创新，诚信守信的知识产权氛围，形成有利于推动自主创新的知识产权文化氛围。提高企业管理人员和技术人员的知识产权利用、保护意识。

2. 进一步加强服务能力

一是要进一步加强知识产权工作人员的业务培训，提升知识产权工作水平，提高知识产权服务质量。依据东方嘉诚作为知识产权文创载体试点单位的特色，进一步构建为文创企业提供知识产权服务的特色载体。二是服务入驻园区企业，激发其自主创新的积极性，进一步提高文创企业知识产权申请量。积极主动了解入驻企业、技术人员和专利人的需求，协助解决知识产权现实问题和困难，提升园区文创企业知识产权服务效果。

第六节　试点运行成效分析

（一）试点工作成效分析

5家试点单位都做了大量的工作，也取得了较好的成效，综合来看，普天德胜孵化器成效更明显一些，其余四家载体也都取得了较好的运行和管理经验，总体而言，五家载体试点工作成效呈现四大特点。

1. 知识产权服务体系进一步健全

（1）5家试点载体均设置了知识产权管理部门。根据《指引》要求，5家载体试点期间均设置了知识产权管理部门，并由载体副总直接分管，主要职责是为入驻企业提供知识产权服务，同时也承担载体自身涉及的知识产权创造、运用、保护和管理相关职责。其中东方嘉诚知识产权部挂靠在孵化器事业部，普天德胜知识产权部挂靠在企业服务部，金丰和知识产权部挂靠在孵化服务部，硬创梦工场知识产权部挂靠在服务中心，昌发展知识产权部挂靠在园区运营事业部。

（2）5家试点载体新增了22名知识产权工作人员。5家载体在知识产权部均设置了知识产权岗，配备了知识产权工作人员，具体负责载体知识产权日常事务工作，包括对接服务需求、联系服务机构、登记知识产权信息等。据统计，5家载体试点前知识产权工作人员为45人，试点后知识产权工作人员为67人，试点前后新增知识产权工作人员22人，其中硬创梦工场新增知识产权工作人员12人，普天德胜新增知识产权工作人员5人。

（3）5家试点载体知识产权管理制度进一步完善。根据《指引》要求，

5家载体试点期间均进一步完善了知识产权相关管理制度。例如，东方嘉诚制定了《东方嘉诚拟入驻企业知识产权背景调查制度》，对申请入驻的企业进行知识产权背景调查，对于存在重大知识产权侵权风险的企业或项目将慎重引入；普天德胜制定了《普天德胜入驻企业知识产权学习交流制度》，根据入驻企业的实际需求，每月至少举办一次知识产权主题活动，包括集中授课、沙龙、座谈、研讨、面对面咨询辅导等多种形式；金丰和制定了《金丰和入驻企业知识产权需求收集制度》，入驻企业在实际研发或经营过程中遇到知识产权问题，可以通过电话、微信、邮件、面访、QQ群等方式，向金丰和知识产权工作人员反映情况，提出具体服务需求；硬创梦工场制定了《硬创梦工场知识产权服务机构绩效考核制度》，明确了服务机构的准入和退出机制，对入驻企业服务满意度不达标的机构将取消其服务资格；昌发展制定了《昌发展入驻企业知识产权台账制度》，每年第一季度要组织入驻企业填报上一年度的商标、专利、版权等知识产权情况，形成入驻企业知识产权台账，对于知识产权工作成效突出的企业给予表彰或奖励。

2. 知识产权服务资源进一步集聚

（1）5家试点载体平均对接6家知识产权管理部门。据统计，5家载体试点期间积极对接国家、市、区等各级知识产权管理部门共计30余家，及时关注相关管理部门发布的知识产权项目申报、活动通知等信息，协助入驻企业联系相关管理部门解决其实际需求和困难。

（2）5家试点载体新签约25家知识产权服务机构。据统计，5家载体试点前签约知识产权服务机构为29家，试点后签约知识产权服务机构为54家，试点前后对比新增签约知识产权服务机构25家，为入驻企业自愿选择服务机构提供了便利。

（3）5家试点载体新选聘知识产权服务导师22名。据统计，5家载体试点前选聘知识产权服务导师为2名，试点后选聘知识产权服务导师为24名，试点前后对比新增选聘知识产权服务导师22名，为载体和入驻企业提供专业的知识产权公益服务和工作指导。

3. 知识产权政策宣贯进一步加强

5 家试点载体，通过网站转发、微信推送、专家解读等多种方式，积极宣传各类知识产权政策，帮助入驻企业完成相关政策申报。据统计，5 家载体试点期间举办知识产权政策宣讲活动共计 58 次，帮助入驻企业及时了解、进而申报各级政府部门的知识产权政策。

例如，普天德胜在试点期间，共举办知识产权政策宣讲活动 5 次，面向入驻企业开展知识产权项目申报服务 13 项，组织 8 家企业申报"2018 年度北京市知识产权试点示范单位"，组织 7 家企业申报 2018 年中关村提升创新能力优化创新环境资金（专利），组织 5 家企业申报 2018 年中关村提升创新能力优化创新环境资金（商标），指导 1 家企业申报 2018 年中关村技术创新能力建设专项（技术标准部分）支持资金。

4. 知识产权服务能力进一步提升

5 家载体通过参加试点工作，将载体知识产权服务流程化、制度化、规范化，大幅提升了载体的知识产权专业服务水平和能力。据统计，5 家载体试点期间，为入驻企业提供问题咨询、专题培训、政策解读、知识产权申请与布局、维权与纠纷应对、融资与许可等各类知识产权专业服务共计 1020 次，帮助入驻企业及时解决了工作中遇到的知识产权问题和困难。

例如，普天德胜基于入驻企业的国际化背景，将有海外业务的企业筛选出来列为重点关注企业，有针对性地为其提供海外知识产权保护、企业产品出口前知识产权风险预警以及企业海外参展中的知识产权纠纷应对等培训与咨询服务，强化企业在国际化过程中的知识产权保护意识，有效规避企业涉外知识产权风险。

乐驾科技是入驻昌发展的一家明星企业，试点期间在知识产权服务导师的辅导下，针对语音识别和抬头显示设备新申请了多项发明专利，有效保护了公司核心技术。

(二) 试点工作尚需改进的方面

一是工作联动性有待进一步加强。北京 12330 与北京创业孵育协会、北京市中小企业服务中心以及中关村创业生态发展促进会，虽然在 2018 年 4 月签署了《双创载体知识产权服务推进工作合作备忘录》，但在后续试点工作推进中，未能有效加强与三个协会的合作，未能充分发挥三个协会的优势与作用。

二是工作规范性有待进一步增强。2018 年是第一次开展载体试点工作，很多工作都是一边尝试一边推进，对于试点工作流程和内容还未能固化成型。后续试点工作规范性应进一步加强，包括《指引》及考核指标的部分内容需要修改完善，《指引》试点工作需要制定相应管理办法，明确试点工作内容和流程等。

第七节　未来发展展望

从创新创业载体知识产权服务推进工作角度看，北京下一步可以按照"点面结合、加强联动、整合资源、务求实效"的思路进行有序推进，不仅要在点上试出特色、试出亮点，更要在面上有新拓展和新提高，使得知识产权服务工作能够有更广泛的普适性和更优质的服务水准和标准，具体体现在：

一是进一步完善《指引》试点相关制度和流程。根据 2018 年的试点情况，对现行《指引》内容及考核指标进行修改完善；制定《〈创新创业载体知识产权服务指引〉试点工作管理办法》，明确载体《指引》试点工作内容和流程。

二是探索将落实《指引》纳入载体服务能力建设任务。进一步加强与市科技主管部门、市经信发展部门和园区管委会等多家创新创业载体的主管部门的工作高效联动，推动将《指引》要求和落实《指引》试点结果纳入其现有对创新创业载体的考核或项目支持中；充分发挥市创业孵育协会、市中小企业服务中心以及园区创业生态发展促进会三家载体行业组织在落实《指引》中的主导作用，深入了解其对双创载体服务能力建设方面的要求，探索将落实《指引》纳入载体服务能力建设任务，并由北京 12330 牵头对载体落实《指引》试点工作进行辅导和验收评审。

三是探索将知识产权服务导师纳入创业导师体系。与市科技主管部门、市经信发展部门和园区管委会三家载体主管部门进行深入沟通，探索将知识产权服务导师纳入创业导师体系，进一步规范导师工作职责，加强对导师服务双创的支持力度。进一步加强与首都知识产权服务业协会的合作，引导更多的市知识产权品牌服务机构对接双创载体，遴选第二批市创新创业载体知识产权服务导师，为双创载体开展知识产权服务工作提供专业指导。

四是开展"创新创业载体知识产权服务标准化研究"。在有关机构和部门的指导下，对接国家知识产权局知识产权运用促进司产业促进处，有序开展创新创业载体知识产权服务标准化研究，同时形成具有可操作性和指导性的《创新创业载体知识产权服务标准草案》，并在全市层面进行推广适用，从而能有效促进各类创新创业载体提升服务水平尤其是知识产权服务水平的大力提升，高效助推北京强化全国科技创新中心建设和北京经济高质量发展。

附录1 知识产权需求调查问卷样例

企业知识产权保护状况调查问卷

企业名称：组织机构代码：

填表人：＿＿＿＿＿＿部门及职务：＿＿＿＿＿＿电话：＿＿＿＿＿＿

1. 企业性质：

☐国有企业　☐民营企业　☐外资企业

2. 所属行业：

◈战略性新兴产业

☐节能环保产业　☐新一代信息技术产业　☐生物产业

☐高端装备制造产业　☐新能源产业　☐新材料产业　☐新能源汽车

◈文化及相关产业

☐新闻出版发行服务　☐广播电视电影服务　☐文化艺术服务

☐文化信息传输服务　☐文化创意和设计服务　☐文化休闲娱乐服务

☐工艺美术品的生产　☐文化产品生产的辅助生产　☐文化用品的生产

☐文化专用设备的生产

◈其他

3. 企业规模：（按照《统计上大中小微型企业划分办法》（国统字〔2011〕75号）的划分标准）

□大型企业　□中型企业　□小型企业　□微型企业

4. 企业申请知识产权的最主要目的是（单选）：

□利用知识产权抢占或拓展市场　□保护技术研发成果

□实施知识产权，获得许可利益

□拥有一定数量的知识产权以获得政策支持　□其他

5. 企业是否已建立知识产权内部管理制度：□有　□无　□正在制定

6. 企业是否设有知识产权管理部门：□有　□无　□其他管理部门兼顾

7. 企业有无知识产权管理人员：

□有，专职人员_____人，兼职人员_____人　□没有

8. 企业是否与研发人员签订《保密协议》或保密条款：□有　□无

9. 企业是否对职工进行过知识产权教育或培训：□有　□无

10. 企业是否已经或准备申请专利：

□是，已申请发明专利_____件，授权_____件

　申请实用新型专利_____件，授权_____件

　申请外观设计专利_____件，授权_____件

□否，原因：　□不了解什么是专利权及申请意义　□不清楚申请程序
□其他

11. 企业是否注册或持有注册商标：

□是，已提交注册申请_____项，授权_____项

□否，原因：　□不了解什么是商标权及注册意义　□不清楚注册程序
□其他

12. 企业是否申请过版权登记：

□是，已登记_____件，涉及：　□文字　□软件　□电影或类似电影
□美术　□其他

□无，原因： □不了解什么是著作权及版权登记的意义

□不清楚登记程序 □其他

13. 企业是否在其他国家或地区进行知识产权布局：

□是，已在其他国家或地区进行知识产权申请，出口国为_____

□否，但在近三年打算拓展海外市场，已在着手准备

□否，目前没有出口的计划

14. 在近三年，企业与他人发生知识产权纠纷，其中：

侵权纠纷____件：专利____件、商标____件、著作权____件、其他知识产权____件。

权属纠纷____件：专利____件、商标____件、著作权____件、其他知识产权____件。

合同纠纷____件：专利____件、商标____件、著作权____件、其他知识产权____件。

其他纠纷____件：专利____件、商标____件、著作权____件、其他知识产权____件。

15. 在发生知识产权纠纷后，贵企业是如何应对的？

□置之不理____件

□积极应对（请根据不同类别的知识产权，填写不同应对方式的纠纷数量）

纠纷类型 \ 应对方式		行政途径	司法途径	协商解决	其他（请填写具体方式）
专利	侵权纠纷	件	件	件	件
	权属纠纷	件	件	件	件
	合同纠纷	件	件	件	件
	其他纠纷	件	件	件	件

续表

纠纷类型 应对方式		行政途径	司法途径	协商解决	其他（请填写具体方式）
商标	侵权纠纷	件	件	件	件
	权属纠纷	件	件	件	件
	合同纠纷	件	件	件	件
	其他纠纷	件	件	件	件
著作权	侵权纠纷	件	件	件	件
	权属纠纷	件	件	件	件
	合同纠纷	件	件	件	件
	其他纠纷	件	件	件	件
其他知识产权	侵权纠纷	件	件	件	件
	权属纠纷	件	件	件	件
	合同纠纷	件	件	件	件
	其他纠纷	件	件	件	件

注：本表中的行政途径包括：向行政机关举报投诉或积极配合行政执法活动；本表中的司法途径包括：向法院起诉或积极应诉。

16. 在近三年，企业在海外被控侵犯他人知识产权情况：

海外发生的知识产权侵权纠纷____件

其中，专利____件、商标____件、著作权____件，其他知识产权____件

17. 在发生海外知识产权纠纷后，贵企业会如何处理（多选）：

□搁置一边，不予理睬　□尽快通报政府或行业协会，寻求解决办法

□约请对方就此问题进行协商　□企业内部研究可能后果再做决策

□委托律师或中介机构等专业服务机构应对　□其他

18. 政府知识产权保护力度的加强，是否促进企业为获取知识产权投入更多的经费？

□是　□否

19. 企业希望了解的知识产权知识是：

专利：□专利挖掘　□初审　□实审　□复审　□纠纷应对

□其他，具体为＿＿＿＿＿＿＿

商标：□注册 □审查授权 □商标争议 □驰名商标认定

□纠纷应对 □其他，具体为＿＿＿＿＿＿＿

版权：□登记流程 □审查授权条件 □纠纷应对

□其他，具体为＿＿＿＿＿＿＿

商业秘密：□认定标准 □保密措施 □纠纷应对

□其他，具体为＿＿＿＿＿＿＿

知识产权管理：□战略咨询 □制度建设 □合同管理

□其他，具体为＿＿＿＿＿＿＿

20. 企业希望获得的知识产权公共服务方式：

□培训（30 人以上规模） □座谈交流（30 人以下规模）

□网络视频学习 □志愿专家到企业一对一咨询

□网站、微信推送学习资料 □书籍资料学习

21. 企业希望参加知识产权活动的周期：

□每月 1~2 次 □每 2~3 个月 1 次 □每半年 1 次

22. 请您对我们的知识产权工作提出建议：

_____

_____

_____

附录2 专利、商标申请和著作权登记流程

1. 专利权

初创企业可以结合自身特点和实际需要申请发明、实用新型或外观设计三种专利。企业可以委托依法设立的专利代理机构办理专利申请手续，也可以自行办理相关手续。

（1）基本要求

发明专利：针对产品、方法或者产品、方法的改进所提出的新的技术方案，可以申请发明专利；

实用新型专利：针对产品的形状、构造或者其结合所提出的适于实用的新的技术方案，可以申请实用新型专利；

外观设计专利：针对产品的形状、图案或者其结合以及色彩与形状、图案的结合所作出的富有美感并适于工业应用的新设计，可以申请外观设计专利。

（2）提交形式

申请人应当以电子形式或者书面形式提交专利申请。

申请人以电子文件形式申请专利的，应当事先办理电子申请用户注册手续，通过专利局专利电子申请系统向专利局提交申请文件及其他文件。

申请人以书面形式申请专利的，可以将申请文件及其他文件当面交到专利局的受理窗口或寄交至"国家知识产权局专利局受理处"（以下简称专利局受理处），也可以当面交到设在地方的专利局代办处的受理窗口或寄交至

"国家知识产权局专利局×××代办处"。

（3）申请文件

申请发明专利的，申请文件应当包括：发明专利请求书、说明书摘要（必要时应当提交摘要附图）、权利要求书、说明书（必要时应当提交说明书附图）。

涉及氨基酸或者核苷酸序列的发明专利申请，说明书中应当包括该序列表，把该序列表作为说明书的一个单独部分提交，并单独编写页码，同时还应提交符合国家知识产权局专利局（以下简称专利局）规定的记载有该序列表的光盘或软盘。

依赖遗传资源完成的发明创造申请专利的，申请人应当在请求书中对遗传资源的来源予以说明，并填写遗传资源来源披露登记表，写明该遗传资源的直接来源和原始来源。申请人无法说明原始来源的，应当陈述理由。

申请实用新型专利的，申请文件应当包括：实用新型专利请求书、说明书摘要及其摘要附图、权利要求书、说明书、说明书附图。

申请外观设计专利的，申请文件应当包括：外观设计专利请求书、图片或者照片（要求保护色彩的，应当提交彩色图片或者照片）以及对该外观设计的简要说明。

（4）申请流程

对于实用新型和外观设计专利申请，通过初步审查，国家知识产权局即可授予实用新型专利权或外观设计专利权，颁发相应专利证书，同时予以登记和公告。

获得授权的专利有一定的保护期限，其中，发明专利的期限为20年，实用新型专利和外观设计专利权的期限为10年，均自申请日起计算。

2. 商标权

商标具有强烈的地域性保护特征和通过使用增加显著性的特征，这意味着初创企业可以通过注册商标来树立和保护企业品牌。初创企业可以通过持

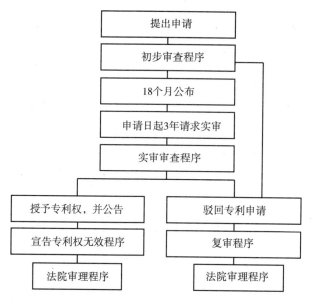

附图2-1 发明专利申请审查程序

续地使用注册商标来增加其显著性，加大企业产品或服务与其他同类产品或服务之间的区别，使消费者记住、认可，得到投资人的青睐。

（1）基本要求

任何能够将自然人、法人或者其他组织的商品与他人的商品区别开的标志，包括文字、图形、字母、数字、三维标志、颜色组合和声音等，以及上述要素的组合，均可以作为商标申请注册。申请注册的商标，应当有显著特征，便于识别，并不得与他人在先取得的合法权利相冲突。

（2）申请途径

国内的申请人申请商标注册或者办理其他商标事宜，有两种途径：一是自行办理；二是委托依法设立的商标代理机构办理。外国人或者外国企业在中国申请商标注册和办理其他商标事宜的，应当委托依法设立的商标代理机构办理，但在中国有经常居所或者营业所的外国人或外国企业除外。香港、澳门和台湾地区的申请人参照涉外申请人办理。

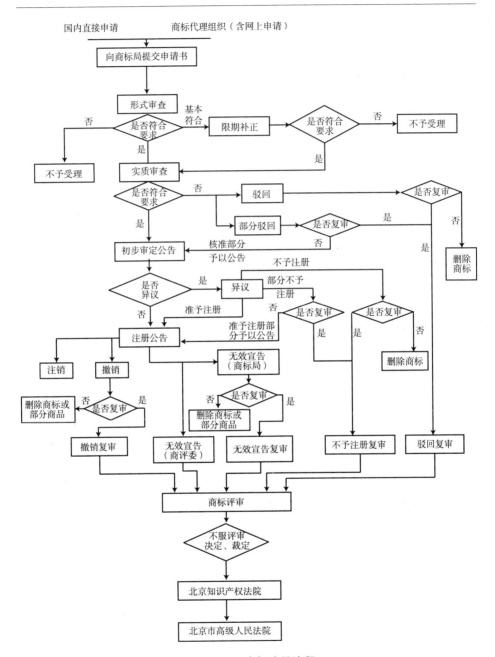

附图 2-2　商标注册流程

（3）提交文件

国内自然人直接办理商标注册申请时应当提交以下文件：按照规定填写打印的《商标注册申请书》并由申请人签字、商标图样、个体工商户营业执照复印件、自然人身份证复印件、经办人身份证复印件等。

国内法人或者其他组织直接办理商标注册申请时应当提交以下文件：按照规定填写打印的《商标注册申请书》并加盖申请人公章、商标图样、身份证明文件复印件、经办人身份证复印件等。

（4）申请流程

注册商标的有效期为 10 年，自核准注册之日起计算，有效期满需要继续使用的，可以办理续展，每次续展注册的有效期为 10 年。

3. 著作权

初创企业在经营中与著作权关系密切，不论本身是否以作品为产品的企业（如设计公司、影视公司等文化创意企业），或者以提供网络技术服务为产品的企业（如搜索引擎公司、电子商务平台等电子信息企业），还是一般企业的产品所涉及的包装、宣传广告等，几乎都离不开文字、图案、软件，因此都脱离不开著作权的保护。

需要注意的是，著作权与专利权、商标权不同，自创作完成之日起，作品的著作权自动产生。著作权登记是证明著作权存在的证据之一。

（1）著作权保护的客体

《著作权法》意义上的作品包括：文字作品；口述作品；音乐、戏剧、曲艺、舞蹈、杂技艺术作品；美术、建筑作品；摄影作品；电影作品和以类似摄制电影的方法创作的作品；工程设计图、产品设计图、地图、示意图等图形作品和模型作品；计算机软件；法律、行政法规规定的其他作品。

著作权包括四项人身权利（发表权、署名权、修改权和保护作品完整权）和十二项财产权（复制权、发行权、出租权、展览权、表演权、放映权、广播权、信息网络传播权、摄制权、改编权、翻译权、汇编权）。

（2）著作权登记部门

著作权自作品创作之日起产生，并实行自愿登记制度。我国实行作品自愿登记制度的目的在于维护作者或者其他著作权人和作品使用者的合法权益，有助于解决因著作权归属造成的著作权纠纷，并为解决著作权纠纷提供初步证据。著作权登记部门有中国版权保护中心、北京版权保护中心和北京计算机软件登记中心。

（3）著作权登记流程

著作权自作品创作之日起产生，其保护期为作者终身及其死亡后50年，截止于作者死亡后第50年的12月31日。

创新创业载体应当通过培训、知识讲座等形式向入驻团队/企业讲解商业秘密的基础知识，使其认识到商业秘密对企业的重要性，并指导其有效地保护商业秘密。其中，商业秘密保护措施主要有以下五种方式：

1）对企业涉及商业秘密的文件严格管理，企业可根据自身情况，划分有关商业秘密的等级。比如可分为绝密、机密、秘密等，企业可在保密文件上加盖保密章或保密声明。

2）对计算机的使用尤其是与网络连接的计算机的使用进行合理限制，建立网络安全检查制度、强化保密责任制度，如设立密码、访问等级等。企业应建立不定期的网络安全检查制度，发现问题及时采取紧急处理措施，防止损失扩大。

3）建立保密制度。初创企业应当建立内部保密制度，并且告知所有员工。

4）设置保密协议或保密条款。

5）建立对废弃物的合理管理制度。

参见北京12330《创业知识产权宝典》。

附录3　专利、商标申请费用及时限要求

1. 专利官费及时限要求

创新创业载体在辅导初创企业申请专利时，应了解专利申请过程（初审、公开、实质审查、复审等）中各个审查阶段所需的费用。根据《国家发展改革委财政部关于重新核发国家知识产权局行政事业性收费标准等有关问题的通知》（发改价格〔2017〕270号）精神，国家知识产权局将于2017年7月1日起执行新的行政事业性收费标准，收费标准参考附表3-1：

附表3-1　专利申请费用——国内部分

单位：元

（一）申请费	
1. 发明专利	900
2. 实用新型专利	500
3. 外观设计专利	500
（二）申请附加费	
1. 权利要求附加费从第11项起每项加收	150
2. 说明书附加费从第31页起每页加收	50
从第301页起每页加收	100
（三）公告、公布印刷费	50
（四）优先权要求费（每项）	80
（五）发明专利申请实质审查费	2500
（六）复审费	

1. 发明专利	1000
2. 实用新型专利	300
3. 外观设计专利	300
（七）专利登记费	
1. 发明专利	200
2. 实用新型专利	150
3. 外观设计专利	150
（八）年费	
1. 发明专利	
1~3 年（每年）	900
4~6 年（每年）	1200
7~9 年（每年）	2000
10~12 年（每年）	4000
13~15 年（每年）	6000
16~20 年（每年）	8000
2. 实用新型专利、外观设计专利	
1~3 年（每年）	600
4~5 年（每年）	900
6~8 年（每年）	1200
9~10 年（每年）	2000
（九）年费滞纳金	
每超过规定的缴费时间 1 个月，加收当年全额年费的 5%	
（十）恢复权利请求费	1000
（十一）延长期限请求费	
1. 第一次延长期限请求费（每月）	300
2. 再次延长期限请求费（每月）	2000
（十二）著录事项变更费	
1. 发明人、申请人、专利权人的变更	200
2. 专利代理机构、代理人委托关系的变更	50
（十三）专利权评价报告请求费	
1. 实用新型专利	2400
2. 外观设计专利	2400

（十四）无效宣告请求费	
1. 发明专利权	3000
2. 实用新型专利权	1500
3. 外观设计专利权	1500
（十五）专利文件副本证明费（每份）	30

注：对经济困难的专利申请人或专利权人的专利收费减缴按照《专利收费减缴办法》有关规定执行。

附表 3-2 专利申请费用——PCT 部分

单位：元

（一）PCT 申请国际阶段部分	
1. 国家知识产权局代世界知识产权组织国际局收取的费用	
国家知识产权局代世界知识产权组织国际局收取的费用（国际申请费、手续费），其收费标准和减缴规定参照《专利合作条约实施细则》执行，实际收费以国家知识产权局确定的国际申请日所在月国家外汇管理局公布的汇率计算	
2. 国家知识产权局收取的费用	
（1）传送费	500
（2）检索费	2100
附加检索费	2100
（3）优先权文件费	150
（4）初步审查费	1500
初步审查附加费	1500
（5）单一性异议费	200
（6）副本复制费（每页）	2
（7）后提交费	200
（8）恢复权利请求费	1000
（9）滞纳金 按应交费用的 50% 计收，最低不少于传送费，最高不超过《专利合作条约实施细则》中国际申请费的 50%	
（二）PCT 申请进入中国国家阶段部分	
1. 宽限费	1000
2. 译文改正费	
初审阶段	300

续表

实审阶段	1200
3. 单一性恢复费	900
4. 优先权恢复费	1000

注：由中国国家知识产权局作为受理局受理的 PCT 申请在进入国家阶段时免缴申请费及申请附加费；提出实质审查请求时，减缴 50% 的实质审查费

　　由中国国家知识产权局作出国际检索报告或专利性国际初步报告的 PCT 申请，在进入国家阶段并提出实质审查请求时，免缴实质审查费

　　由欧洲专利局、日本特许厅、瑞典专利局三个国际检索单位作出国际检索报告的 PCT 申请，在进入国家阶段并提出实质审查请求时，减缴 20% 的实质审查费

　　PCT 申请进入中国国家阶段的其他收费标准依照国内部分执行

专利收费——依据约定收费

国家知识产权局在为其他国家和地区的专利申请提供检索和审查服务时，收取的专利收费标准按双方约定执行

附表3-3　发明专利申请阶段及时限要求

申请阶段	时限要求
公开	根据申请人的请求提前公开发明专利申请，最迟不得晚于自申请日起满十八个月
实质审查	根据申请人随时提出的请求，对发明专利申请进行实质审查，最晚不超过自申请日起三年
复审	专利申请人对国务院专利行政部门驳回申请的决定不服的，可以自收到通知之日起三个月内，向专利复审委员会请求复审
	专利申请人对专利复审委员会的复审决定不服的，可以自收到通知之日起三个月内向人民法院起诉

2. 商标注册费及时限要求

　　商标注册申请要经过申请、审查、初步审定并公告、注册并公告、复审等阶段，创新创业载体在辅导初创企业注册商标时，需要了解商标注册过程中各个审查阶段所需费用和时限要求，具体可参考附表3-4、附表3-5。

附表 3-4　商标注册费用

单位：元

注册费	金额
每个类别商标（限定本类 10 个商品/服务项目）	600
本类中每超过 1 个商品/服务项目另加收费用	60
集体商标	3000
证明商标	3000

附表 3-5　商标注册申请阶段及时限要求

申请阶段	时限要求
审查	对申请注册的商标，商标局应当自收到商标注册申请文件之日起九个月内审查完毕，符合本法有关规定的，予以初步审定公告
初步审定	对初步审定公告的商标，自公告之日起三个月内，公告期满无异议的，予以核准注册，发给商标注册证，并予公告。
复审	对驳回申请、不予公告的商标，商标局应当书面通知商标注册申请人。商标注册申请人不服的，可以自收到通知之日起十五日内向商标评审委员会申请复审。
	对商标评审委员会的决定不服的，可以自收到通知之日起三十日内向人民法院起诉。

3. 专利代理服务指导价

2017 年 6 月 19 日，北京市专利代理人协会发布了《关于发布 2017 年北京地区专利申请代理服务成本的通知》，通知中根据近日北京市统计局公布的 2016 年度北京市职工平均工资，对专利申请代理服务的成本进行了核算，最新成本结果如下：

附表 3-6　专利申请代理服务成本

单位：元

序号	专利申请代理类型	服务成本
1	机械类发明	12600
2	电学类发明	13440
3	化学类发明	14280
4	实用新型	7140
5	外观设计	2940

以上结果是专利申请和辅助查新检索在客户提供全面、完整、客观、准确的相关技术资料情况下，针对一般难度的申请案（发明专利申请到授权的过程中有且只有一次答复审查意见），由该技术领域合格的一般专利代理人（3年执业经验）完成代理服务，所需的成本价格，也是各代理机构定制收费价格的参考标准。

附录4 我国知识产权管理部门
基本职责

我国针对不同的知识产权类型及其保护要求，从国家到地方，均设置了相应的履行知识产权保护职责的行政管理部门。国家层面主要包括国家知识产权局、国家工商行政管理总局商标局、国家版权局、国家林业局、农业部等；地方层面主要是上述部委所属的地方行政管理部门。

其中与创新创业密切相关的知识产权主要涉及专利、商标和著作权，相应行政管理部门的职责如下：

1. 国家知识产权局

国家知识产权局是国务院主管专利工作和统筹协调涉外知识产权事宜的直属机构，其主要职责为：

（1）负责组织协调全国保护知识产权工作，推动知识产权保护工作体系建设。会同有关部门建立知识产权执法协作机制，开展相关的行政执法工作。开展知识产权保护的宣传工作。会同有关部门组织实施国家知识产权战略纲要。

（2）承担规范专利管理基本秩序的责任。拟订专利知识产权法律法规草案，拟订和实施专利管理工作的政策和制度，拟订规范专利技术交易的政策措施，指导地方处理、调解侵犯专利的纠纷案件以及查处假冒他人专利行为和冒充专利行为，会同有关部门指导和规范知识产权无形资产评估工作。

（3）拟订知识产权涉外工作的政策。研究国外知识产权发展动态。统筹协调涉外知识产权事宜，按分工开展对外知识产权谈判。开展专利工作的国际联络、合作与交流活动。

（4）拟订全国专利工作发展规划，制订专利工作计划，审批专项工作规划，负责全国专利信息公共服务体系的建设，会同有关部门推动专利信息的传播利用，承担专利统计工作。

（5）制订专利和集成电路布图设计专有权确权判断标准，指定管理确权的机构。制订专利和集成电路布图设计专有权侵权判断标准。制定专利代理中介服务体系发展与监管的政策措施。

（6）组织开展专利的法律法规、政策的宣传普及工作，按规定组织制定有关知识产权的教育与培训工作规划。

2. 国家版权局

国家版权局是国务院著作权行政管理部门，主管全国的著作权管理工作，其主要职责是：

（1）拟订国家版权战略纲要和著作权保护管理使用的政策措施并组织实施，承担国家享有著作权作品的管理和使用工作，对作品的著作权登记和法定许可使用进行管理。

（2）承担著作权涉外条约有关事宜，处理涉外及港澳台的著作权关系。

（3）组织查处著作权领域重大及涉外违法违规行为。

（4）组织推进软件正版化工作。

3. 国家工商行政管理总局商标局

商标局主管全国的商标注册与管理工作，负责商品商标、服务商标、集体商标、证明商标等商标的注册工作，办理商标异议裁定以及注册商标的变更、转让、续展、补证、注销等有关事宜，指导、协调、组织各地工商行政管理机关查处商标侵权假冒案件，依法认定和保护驰名商标，监督管理商标代理机构，研究拟定商标注册和管理的规章制度及具体措施、办法，组织商标国际条约、协定在中国的具体实施及承办商标国际交流与合作的有关工作。

商标局的主要职责是：承担商标注册与管理等行政职能，具体负责全国商标注册和管理工作，依法保护商标专用权和查处商标侵权行为，处理商标争议事宜，加强驰名商标的认定和保护工作，负责特殊标志、官方标志的登记、备案和保护，研究分析并依法发布商标注册信息，为政府决策和社会公众提供信息服务，实施商标战略等工作，承办国家工商总局交办的其他事项。

4. 北京市知识产权局

北京市知识产权局是负责北京市知识产权保护组织协调工作和专利工作的市政府直属机构。负责组织协调本市保护知识产权工作，推动知识产权保护工作体系建设，贯彻落实国家关于专利工作方面的法律、法规、规章和政策，负责本市专利信息公共服务体系的建设，促进本市知识产权产业发展。其主要职责如下：

（1）负责组织协调本市保护知识产权工作，推动知识产权保护工作体系建设；会同有关部门建立知识产权执法协作机制，开展有关的行政执法工作；开展知识产权保护的宣传工作。

（2）贯彻落实国家关于专利工作方面的法律、法规、规章和政策；起草本市相关地方性法规草案、政府规章草案，拟订专利工作的政策措施、发展规划和工作计划，并组织实施；会同有关部门拟订并组织实施首都知识产权战略和规划。

（3）承担规范本市专利管理基本秩序的责任。依法处理、调解专利纠纷，查处假冒专利行为；依法监督管理专利代理机构，推进专利中介服务体系建设。

（4）会同有关部门促进本市知识产权产业发展；指导和规范专利技术市场，管理专利权转让合同、专利实施许可合同和专利申请权转让合同备案工作；会同有关部门指导和规范知识产权无形资产评估；推动专利权质押工作。

（5）负责本市专利信息公共服务体系的建设，会同有关部门推动专利信息的传播利用；负责组织建立知识产权预警应急机制；承担专利统计工作。

（6）统筹协调本市涉外知识产权事宜，开展专利工作的国际联络、合作与交流活动。

（7）组织开展专利方面法律法规、政策的宣传普及工作；组织制定本市有关知识产权的教育与培训工作规划，并组织实施。

5. 北京市工商局

北京市工商行政管理局是主管北京市市场监督管理和行政执法工作的市政府直属机构，主要职能是：依法确认各类经营者的主体资格，监督管理或参与监督管理各类市场，依法规范市场交易行为，保护公平竞争，查处经济违法行为，取缔非法经营，保护正常的市场经济秩序。北京市人民政府在北京市工商局设置北京市人民政府食品安全监督协调办公室，它既是市政府负责本市食品安全的综合监督、组织协调和依法组织开展对重大事故查处的办事机构，也是北京市食品安全委员会的办事机构。

（1）贯彻落实国家关于工商行政管理方面的法律、法规、规章和政策；起草本市相关地方性法规草案、政府规章草案，并组织实施；负责市场监督管理和行政执法的有关工作。

（2）负责本市各类企业、农民专业合作社和从事经营活动的单位、个人以及国家工商行政管理总局授权登记的外商投资企业及其分支机构、委托登记的外国（地区）企业常驻代表机构等市场主体的登记注册和监督管理；组织企业改组改制的登记管理工作；承担依法查处取缔无照经营的责任。

（3）承担依法规范和维护本市各类市场经营秩序的责任。负责监督管理生活消费品市场、生产资料市场交易行为；参与监督管理生产要素市场交易行为；负责各类市场登记和统计工作。

（4）承担监督管理本市流通领域商品质量和食品安全的责任。

（5）组织开展本市有关服务领域消费维权工作，按分工查处假冒伪劣等违法行为，指导消费者咨询、申诉、举报的受理、处理以及消费者权益保护网络体系建设等工作，保护经营者、消费者合法权益。

（6）承担查处违法直销和传销案件的责任，依法监督管理直销企业和直销员及其直销活动。

（7）承担国家工商行政管理总局授权的反垄断执法工作。依法查处不正当竞争、商业贿赂、走私贩私等经济违法行为。

（8）负责依法监督管理经纪人、经纪机构及经纪活动。

（9）依法实施合同行政监督管理，依法制定和推行合同示范文本；负责依法查处利用合同进行的违法行为；依法管理动产抵押物登记；组织监督管理拍卖行为。

（10）指导本市广告业发展，依法负责广告活动的监督管理工作。

（11）负责对经营者使用商标和印制商标的单位进行监督管理，依法查处商标侵权假冒等违法行为，保护注册商标专用权；依法保护特殊标志。

（12）承担组织企业、农民专业合作社、个体工商户、商品交易市场等市场主体信用信息系统建设和企业信用信息归集、分类工作的职责，研究分析并依法发布市场主体登记注册基础信息、商标注册信息等，为政府决策和社会公众提供信息服务。

（13）依法监督管理网络商品交易及有关服务的行为。

（14）负责本市个体工商户、私营企业经营行为的服务和监督管理。

6. 原北京市新闻出版广电局（北京市版权局）

北京市新闻出版广电局是负责本市新闻出版、广播电影电视和著作权管理工作的市政府直属机构，加挂北京市版权局（简称市版权局）的牌子。

主要职责：

（1）贯彻执行国家关于新闻出版广播影视宣传的方针、政策和法律、法规、规章，把握正确的舆论和创作导向；负责起草本市新闻出版广播影视和著作权管理工作方面的地方性法规草案、政府规章草案，制定相关的政策措施、地方标准并组织实施和监督管理。

（2）负责制定本市新闻出版广播影视领域事业发展规划，组织实施重大公益工程和活动，扶助农村新闻出版广播影视建设和发展，指导、监管广播电影电视基础设施建设；负责制定古籍整理出版规划并组织实施。

（3）负责统筹规划本市新闻出版广播影视产业发展，制定发展规划、产业政策并组织实施；推进新闻出版广播影视领域的体制机制改革；依法负责新闻出版广播影视统计工作。

（4）负责监督管理本市新闻出版广播影视机构和业务以及出版物、广播影视节目的内容和质量，实施依法设定的行政许可并承担相应责任，负责市场经营活动监督管理的相关工作；指导监管广播电视广告播放；负责对境外卫星电视节目接收的监管；负责新闻记者证的管理。

（5）负责对本市互联网出版和开办手机书刊、手机文学业务等数字出版内容和活动进行监管；负责对网络视听节目、公共视听载体播放的广播影视节目进行监管，审查其内容和质量。

（6）负责推进本市新闻出版广播影视与科技融合，依法拟订新闻出版广播影视科技发展规划、政策和行业技术标准，并组织实施和监督检查；负责对广播电视节目传输覆盖、监测和安全播出进行监管，推进三网融合及应急广播建设。

（7）负责本市印刷复制业和出版发行业的监督管理。

（8）负责本市出版物的进口管理和广播影视节目的进口、收录管理；负责新闻出版广播影视和著作权管理领域对外及对港澳台的交流与合作，组织推动新闻出版广播影视领域"走出去"工作。

（9）负责本市著作权管理和公共服务，调解著作权侵权纠纷，协同查处重大著作权侵权案件。

（10）依法对本市新闻出版广播影视行业的安全工作承担管理责任，对以市新闻出版广电局名义组织的各类活动的安全工作承担主体责任。

（11）承办市政府交办的其他事项。

7. 北京市文化市场行政执法总队

北京市文化市场行政执法总队简称市文化执法总队（市文管办、市"扫黄打非"办）是负责本市文化市场综合行政执法工作的市政府直属行政执法机构，主要负责本市文化市场综合行政执法的统筹协调和组织调度工作，集中行使文化、广电、新闻出版（版权）以及部分文化领域的行政执法权，负责跨区域的大案、要案的查处工作，指导和监督区（县）文化综合执法工作，同时承担北京市文化市场管理（"扫黄打非"）工作领导小组办公室职能。

附录5 现有知识产权公共服务简介

1. 知识产权托管工程

知识产权托管工程是一种服务中小企业的知识产权工作新模式。"托管"即对于中小企业知识产权事务的委托管理。知识产权托管就是利用北京丰富的知识产权中介资源,通过政府引导,搭建知识产权中介服务机构和园区企业的对接平台,为企业量身定制符合其特点的知识产权解决方案,包括:专利挖掘、申请、布局和许可、预警分析、数据库建设、知识产权战略制定、维权打假等。

2008 年 4 月,北京市知识产权局在全国率先启动了知识产权托管工程试点。通过与区知识产权局、园区管委会的合作,目前已在多个园区或孵化器成功开展了知识产权托管工作。

项目负责单位:北京市知识产权局产业促进处

北京市知识产权局产业促进处承担推动本市知识产权产业发展的有关工作;拟订促进企事业单位专利工作的政策措施并组织实施;指导企事业单位、行业联盟应对有关知识产权纠纷;指导和规范专利技术市场有关工作,促进专利商用化,承担专利权转让合同、专利实施许可合同和专利申请权转让合同备案管理工作。

联系方式:

地址:北京市西城区德胜门东大街 8 号东联大厦 215 室

电话:84080080

2. 北京 12330 分中心、工作站

北京 12330 分中心、工作站，是北京市保护知识产权举报投诉服务中心（简称"北京 12330"）依托创新创业载体开展知识产权保护公共服务的站点。目前，北京 12330 已建立分中心、工作站 71 家，服务范围覆盖了全市 16 个区并拓展至天津、河北，构建了"市、区、创新创业载体"三级知识产权保护公共服务平台。

北京 12330 通过分中心、工作站，推广"12330 服务日""创业知识产权保护阶梯培训""重点产业知识产权保护工作指南"等菜单式服务项目和产品，累计解答知识产权咨询 2.6 万余件，举办知识产权培训 800 余期，参与培训企业 3.4 万余家次。

北京 12330 分中心、工作站的联系方式请参考：http：//www. bj12330. com/zscq/_19/_361/_568/index. html

项目负责单位：北京市保护知识产权举报投诉服务中心

北京市保护知识产权举报投诉服务中心，即中国（北京）知识产权维权援助中心（简称北京 12330），成立于 2006 年 6 月 28 日，是北京市政府设立的知识产权保护公共服务机构。其工作职责包括：

（1）接受涉及专利权、商标权、著作权、商业秘密、地理标志、植物新品种权、集成电路布图设计专有权等知识产权侵权、违法行为的举报投诉。

（2）解答与知识产权有关的法律法规、申请授权程序、法律状态、纠纷处理和诉讼等咨询。

（3）依当事人申请，对符合规定的重大、突发、疑难知识产权事项或案件组织研讨、提供分析论证、委托知识产权司法鉴定等专项维权援助服务。

（4）负责组织知识产权纠纷司法委托调解工作。

（5）负责管理首都保护知识产权志愿服务总队，组织首都保护知识产权志愿服务专家提供公益服务。

（6）其他知识产权保护公共服务事项。

联系方式：

地址：北京市海淀区知春路 23 号量子银座三层

电话：010-12330

3. 北京市知识产权公共信息服务平台

北京市知识产权公共信息服务平台是利用云计算、大数据、移动互联等先进技术构建的城市创新信息服务基础设施，目的是构造北京市专利及知识产权信息服务体系，提升知识产权创造、运用、保护和管理能力。平台二期还增加了相关数据统计、管理决策分析、区分平台、战略性新兴产业专利专题数据库、交易系统等一系列更加全面的知识产权公共信息服务资源和功能，为政府、企事业单位和社会公众提供多层次、全方位的知识产权信息服务。

平台网址：www. beijingip. cn/jopm_ ww/website/index. do

项目负责单位：北京市知识产权信息中心

北京市知识产权信息中心是北京市知识产权局履行职能提供服务保障的事业单位，负责具体组织实施该平台的建设与运行维护，打造北京市城市创新信息服务基础设施。其主要职责包括：

（1）承担北京市知识产权公共信息服务平台和公共信息服务体系的建设和完善工作。

（2）承担专利及知识产权基础信息资源的采集、加工工作，并对重大项目和重要产业进行专题分析。

（3）承担北京市知识产权局电子政务建设、管理和技术保障工作。

（4）承担专利技术交易推动和服务工作。

联系方式：

地址：北京市海淀区知春路 23 号量子银座二层

电话：86-10-82356446/82357338/82359396

4. 国家知识产权局北京（中关村）审查员实践基地

国家知识产权局审查员实践基地是国家知识产权局设立在园区的，依托园区内企事业单位，主要承接专业技术知识更新与实践、专业技术调研、专业技术实习等专业技术实践活动（以下简称"实践活动"）的机构。

审查员实践基地主要功能有两项，一是承担审查员实践培训工作，使审查员得到一线的专业技术知识更新与培训，了解行业前沿技术和发展趋势，使之成为真正的"本领域技术人员"，为提高专利审查质量提供坚实的技术支撑。二是提供知识产权交流和服务，企业可根据自身发展需要，提出一些培训需求，审查员结合企业需求进行相应的专利知识培训，有助于企业提升专利实务水平，提高企业专利创造、保护、运用和管理能力，进而助力"大众创业、万众创新"。

项目负责单位：中关村知识产权促进局

根据国务院的要求，2003 年 7 月 14 日，国家知识产权局和北京市政府联合发布了《关于中关村国家知识产权制度示范园区工作实施方案》（国知发管字〔2003〕50 号），决定共建中关村国家知识产权制度示范园区。2003 年 10 月 27 日，中关村国家知识产权制度示范园区在中关村腹地正式挂牌，承担具体实施工作的中关村知识产权促进局宣告成立。这标志着全国首家，也是目前唯一一家国家级知识产权制度示范园区诞生。

中关村知识产权促进局是北京市知识产权局的直属事业单位，内设办公室（财务）、知识产权信息中心、专利技术转移中心、知识产权法律服务中心。促进局在业务上接受国家知识产权局和北京市知识产权局的监督和指导，配合中关村管委会为中关村示范区提供知识产权创造、运用、保护、管理等全方位的服务。2011 年以来，中关村知识产权促进局以深入实施中关村知识产权推进计划为主线，构建"服务科技园区、服务高新企业、服务专业机构"三大工作体系，积极开展先行先试，使中关村知识产权工作走在了全国高新区的前列。目前，中关村已经成为全国首批专利导航产业发展实验区、知识产权服务业集聚发展示范区、专利质押融资示范区，并率先开展了知识产权评议试点、专利保险试点、审查员实践活动、知识产权领军企业培育计划等一系列创新性工作。

联系方式：

地址：北京市海淀区知春路 23 号量子银座三层

电话：010-82356358

附录6 知识产权机构介绍

1. 知识产权代理服务机构

知识产权代理服务机构以专利代理机构为主，专利代理机构是指接受委托人的委托，在委托权限范围内，办理专利申请或者办理其他专利事务的服务机构。专利代理机构可以承办、代写专利申请文件、办理专利申请、请求实质审查或者复审的有关事务、请求撤销专利权、宣告专利权无效等有关事务、办理专利权的转让、解决专利申请权、专利权归属纠纷等专利事务。此外，部分专利代理机构也可以办理商标、著作权、植物品种权等知识产权相关事务。

2. 知识产权法律服务机构

知识产权法律服务机构以律师事务所为主，律师事务所是律师执行职务进行业务活动的工作机构，其在组织上受司法行政机关和律师协会的监督和管理。律师事务所的设立需经司法部批准，根据2008年新的《中华人民共和国律师法》第十四条规定：律师事务所是律师的执业机构。设立律师事务所应当具备下列条件：①有自己的名称、住所和章程；②有符合本法规定的律师；③设立人应当是具有一定的执业经历，且三年内未受过停止执业处罚的律师；④有符合国务院司法行政部门规定数额的资产。律师事务所在规定的专业活动范围内，接受中外当事人的委托，提供各种法律服务；负责具体分配和指导所属律师的业务工作。

律师事务所可以申请开办专利代理业务，但需经国家知识产权局审批，满足国家知识产权局发布的《专利代理审批事项服务指南》（编号 33001/2-201602）中的相关规定，符合一定条件的律师事务所获批后可以开办专利代理业务。

3. 知识产权咨询服务机构

知识产权咨询服务机构以提供咨询服务为主，知识产权咨询是指知识产权相关经验丰富的人员接受委托人的委托，为其实现特定知识产权事务目标提出解决方案的顾问服务行为。

这里所说的经验丰富的人员指机构的咨询师，他们一般都是知识产权相关知识经验丰富或者在该领域拥有较高造诣的人员；委托人包括企业、事业单位、政府机关和各种社会团体；所说的专利事务指专利创造、运用、保护和管理过程中的各种事务；所说的解决方案包括决策依据、研究报告和实施建议等能够指导委托人的各种结论、评价、意见和建议等。

4. 知识产权信息服务机构

知识产权信息服务机构主要提供知识产权信息检索分析、数据加工、文献翻译、数据库建设、软件开发、系统集成等知识产权信息利用服务。

5. 知识产权商业化机构

（1）评估机构

知识产权评估机构属于知识产权商业化服务机构，同时也属于资产评估机构，设立资质依据财政部《资产评估机构审批和监督管理办法》《财政部关于贯彻实施〈资产评估机构审批和监督管理办法〉认真做好资产评估机构管理工作的通知》（财企〔2011〕450号）以及《财政部关于调整资产评估机构审批有关行政管理事项的通知》（财资〔2014〕89号）的规定，财政部为全国资产评估机构的主管部门。

知识产权评估机构以提供知识产权评估业务为主，知识产权评估是指知识产权评估机构的注册资产评估师依据相关法律、法规和资产评估准则，对知识产权评估对象在评估基准日特定目的下的知识产权价值进行分析、估算并发表专业意见的行为和过程。知识产权评估中所涉及的知识产权内容比较多，一般主要对商标权、专利权、著作权等常见的知识产权进行知识产权评估。

（2）投资运营机构

知识产权投资机构属于知识产权商业化服务机构，以提供知识产权投资运营业务为主，知识产权投资是指知识产权人依法将专利权、商标权或著作权等知识产权资产评估作价，作为对公司（企业）的非货币、非实物出资，以获得所对应的公司（企业）股权的行为；知识产权运营是指人为将知识产权权利人和相关市场主体进行优化资源配置，采取一定的商业模式实现知识产权价值的商业活动。

通过知识产权投资运营，可以提高把创新成果转变为知识产权的能力，推动科技成果转移转化，盘活专利权人手中的知识产权资产。知识产权投资机构的主营业务包括知识产权许可、转让、投资、管理和技术转移产业化等。

6. 知识产权培训机构

目前大多数上述机构都能提供知识产权培训服务。

附录7 创新创业载体知识产权服务评价指标

创新创业载体知识产权服务评价指标

一级指标	二级指标（17项）	评分标准	满分	记分情况
建立工作体系	设置知识产权岗位	设置知识产权岗位记5分。	5	有/无知识产权岗位，记___分。
	配备知识产权工作人员	有全职知识产权工作人员记4分；有一名兼职工作人员记2分，有两名及以上兼职工作人员记2分；专职工作人员中有理工专业本科以上学历或有1年以上研究经历的记0.5分，有法律专业本科以上学历或从事法律工作1年以上的记0.5分。	5	有___位专职知识产权工作人员，记___分；有___位兼职知识产权工作人员，记___分；知识产权工作人员有（相关技术/法律）专业背景，记___分。
	制定知识产权管理制度	制定了知识产权保密、奖惩、档案管理等制度记2分；制定知识产权政策收集制度记2分；制定海归人员、高校教师或大学生创业知识产权背景调查制度记2分；制定入驻团队/企业知识产权需求调查制度记2分。	8	有/无知识产权相关管理制度，记___分；有/无知识产权政策收集制度记___分；有/无（海归人员/高校教师/大学生创业）知识产权背景调查制度记___分；有/无入驻团队/企业知识产权需求调查制度记___分。
	优化公共办公环境	有张贴公共环境知识产权保护方案相关规定记1分；办公区域、会议室之间有物理隔离记2分；办公电脑需密码登录记1分；开展软件正版化检查或办公软件全部正版记2分；建立知识产权网络信息平台记1分。	7	有/无公共环境知识产权保护方案或规定记___分；有/无物理隔离记___分；有/无电脑登录密码记___分；有/无软件正版化记___分；有/无知识产权网络信息平台，记___分。

续表

一级指标	二级指标（17项）	评分标准	满分	记分情况
	对接知识产权公共服务部门及管理部门	通过电话咨询、邀请专家培训辅导、申报项目，配合知识产权联合执法等形式，与知识产权公共服务部门和管理部门保持经常性联系记3分。	3	有/无记录，证明等记___分。
集聚各类资源	签约知识产权服务机构	每签约一种类型机构记1分，某一类型机构签约三家以上加0.5分；每签约一家星级代理机构加0.5分；创新创业载体知识产权服务机构签约服务绩效考核记1分。并开展签约服务机构绩效考核记9分。最高记9分。	9	签约服务机构类型___个，记___分；___类机构签约三家以上加___分；___家星级创新创业载体知识产权服务机构加___分；有/无制定创新创业载体知识产权服务办法记___分；有/无开展服务机构服务绩效考核记___分；签约服务机构服务绩效考核记___分。
	引入知识产权创业导师	引入知识产权创业导师对企业进行辅导，并留下记录的记3分。	3	有/无辅导记录记___分。
营造保护环境	收集知识产权政策	收集知识产权政策，并形成汇编的记5分。	5	有/无形成政策汇编记___分。
	开展知识产权政策宣讲	开展知识产权政策宣讲，每开展一次记1分，最高6分；进行知识产权政策辅导，每辅导一家入驻企业记1分，最高4分。	10	宣讲记录___份记___分；辅导记录___份记___分。

续表

一级指标	二级指标（17项）	评分标准	满分	记分情况
提供专业服务	提供知识产权申请服务	为入驻企业提供专利、商标及著作权申请记2分；为入驻企业介绍签约知识产权代理机构记3分。	5	提供专利、商标及著作权申请咨询记___分；为企业介绍签约知识产权代理机构记___分。
	举办知识产权培训班	举办知识产权培训班（知识产权申请、维权、运营和管理方面），每举办一次记0.5分，最高5分，在此基础上，覆盖全部入驻企业的再加1分。	7	举办专业培训班___期记___分；培训业务覆盖重点（全部重点企业/全部入驻企业）记___分。
	提供知识产权咨询服务	开展知识产权专业咨询服务，每服务一家企业记0.5分，最高5分；根据重点企业提出问题，提供有针对性咨询服务的记2分。	7	为___家入驻企业提供知识产权专业咨询记___分；有/无针对重点企业提供有针对性的咨询记___分。
	提供知识产权投融资服务	为入驻企业提供投融资服务记5分；与银行、知识产权基金、知识产权评估和相保等相关投融资机构进行对接记1分。	6	有/无为入驻企业提供过投融资服务记___分；有/无与投融资类机构对接记___分。
	开展知识产权涉外合作	与海外知识产权资本、人才或机构开展交流或合作记5分。	5	有/无开展知识产权涉外合作记___分。
	提供知识产权保护服务	为企业提供知识产权纠纷应对或维权援助服务，每服务一家记5分，最高5分。	5	为___家入驻企业提供知识产权保护服务记___分。
	开展知识产权调查活动	入驻企业有知识产权台账的记4分；记录台账时区分重点企业和普及型服务企业的加1分。	5	有/无台账记___分；有/无区分不同企业记录台账记___分。
	收集知识产权需求	对所有入驻企业进行调研，收集知识产权需求记5分；对部分入驻企业开展调研，记3分。	5	对（全部/部分/无）企业开展调研记___分。

附录8 知识产权的相关政策条文

关于新形势下加快知识产权强国建设的若干意见

国发〔2015〕71号

各省、自治区、直辖市人民政府,国务院各部委、各直属机构:

国家知识产权战略实施以来,我国知识产权创造运用水平大幅提高,保护状况明显改善,全社会知识产权意识普遍增强,知识产权工作取得长足进步,对经济社会发展发挥了重要作用。同时,仍面临知识产权大而不强、多而不优、保护不够严格、侵权易发多发、影响创新创业热情等问题,亟待研究解决。当前,全球新一轮科技革命和产业变革蓄势待发,我国经济发展方式加快转变,创新引领发展的趋势更加明显,知识产权制度激励创新的基本保障作用更加突出。为深入实施创新驱动发展战略,深化知识产权领域改革,加快知识产权强国建设,现提出如下意见。

一、总体要求

(一)指导思想。全面贯彻党的十八大和十八届二中、三中、四中、五中全会精神,按照"四个全面"战略布局和党中央、国务院决策部署,深入实施国家知识产权战略,深化知识产权重点领域改革,有效促进知识产权创造运用，实行更加严格的知识产权保护，优化知识产权公共服务，促进新技术、新产业、新业态蓬勃发展，提升产业国际化发展水平，保障和激励大众创业、万众创新，为实施创新驱动发展战略提供有力支撑，为推动经济保持中高速增长、迈向中高端水平，实现"两个一百年"奋斗目标和中华民族伟大复兴的中国梦奠定更加坚实的基础。

（二）基本原则。

坚持战略引领。按照创新驱动发展战略和"一带一路"等战略部署，推动提升知识产权创造、运用、保护、管理和服务能力，深化知识产权战略实施，提升知识产权质量，实现从大向强、从多向优的转变，实施新一轮高水平对外开放，促进经济持续健康发展。

坚持改革创新。加快完善中国特色知识产权制度，改革创新体制机制，破除制约知识产权事业发展的障碍，着力推进创新改革试验，强化分配制度的知识价值导向，充分发挥知识产权制度在激励创新、促进创新成果合理分享方面的关键作用，推动企业提质增效、产业转型升级。

坚持市场主导。发挥市场配置创新资源的决定性作用，强化企业创新主体地位和主导作用，促进创新要素合理流动和高效配置。加快简政放权、放管结合、优化服务，加强知识产权政策支持、公共服务和市场监管，着力构建公平公正、开放透明的知识产权法治环境和市场环境，促进大众创业、万众创新。

坚持统筹兼顾。统筹国际国内创新资源，形成若干知识产权领先发展区域，培育我国知识产权优势。加强全球开放创新协作，积极参与、推动知识产权国际规则制定和完善，构建公平合理的国际经济秩序，为市场主体参与国际竞争创造有利条件，实现优进优出和互利共赢。

（三）主要目标。到 2020 年，在知识产权重要领域和关键环节改革上取得决定性成果，知识产权授权确权和执法保护体系进一步完善，基本形成权界清晰、分工合理、责权一致、运转高效、法治保障的知识产权体制机制，知识产权创造、运用、保护、管理和服务能力大幅提升，创新创业环境进一步优化，逐步形成产业参与国际竞争的知识产权新优势，基本实现知识产权治理体系和治理能力现代化，建成一批知识产权强省、强市，知识产权大国地位得到全方位巩固，为建成中国特色、世界水平的知识产权强国奠定坚实基础。

二、推进知识产权管理体制机制改革

（四）研究完善知识产权管理体制。完善国家知识产权战略实施工作部际联席会议制度，由国务院领导同志担任召集人。积极研究探索知识产权管理体制机制改革。授权地方开展知识产权改革试验。鼓励有条件的地方开展知识产权综合管理改革试点。

（五）改善知识产权服务业及社会组织管理。放宽知识产权服务业准入，促进服务业优质高效发展，加快建设知识产权服务业集聚区。扩大专利代理领域开放，放宽对专利代理机构股东或合伙人的条件限制。探索开展知识产权服务行业协会组织"一业多会"试点。完善执业信息披露制度，及时公开知识产权代理机构和从业人员信用评价等相关信息。规范著作权集体管理机构收费标准，完善收益分配制度，让著作权人获得更多许可收益。

（六）建立重大经济活动知识产权评议制度。研究制定知识产权评议政策。完善知识产权评议工作指南，规范评议范围和程序。围绕国家重大产业规划、高技术领域重大投资项目等开展知识产权评议，建立国家科技计划知识产权目标评估制度，积极探索重大科技活动知识产权评议试点，建立重点领域知识产权评议报告发布制度，提高创新效率，降低产业发展风险。

（七）建立以知识产权为重要内容的创新驱动发展评价制度。完善发展评价体系，将知识产权产品逐步纳入国民经济核算，将知识产权指标纳入国民经济和社会发展规划。发布年度知识产权发展状况报告。在对党政领导班子和领导干部进行综合考核评价时，注重鼓励发明创造、保护知识产权、加强转化运用、营造良好环境等方面的情况和成效。探索建立经营业绩、知识产权和创新并重的国有企业考评模式。按照国家有关规定设置知识产权奖励项目，加大各类国家奖励制度的知识产权评价权重。

三、实行严格的知识产权保护

（八）加大知识产权侵权行为惩治力度。推动知识产权保护法治化，发挥司法保护的主导作用，完善行政执法和司法保护两条途径优势互补、有机衔接的知识产权保护模式。提高知识产权侵权法定赔偿上限，针对情节严重的恶意侵权行为实施惩罚性赔偿并由侵权人承担实际发生的合理开支。进一步推进侵犯知识产权行政处罚案件信息公开。完善知识产权快速维权机制。加强海关知识产权执法保护。加大国际展会、电子商务等领域知识产权执法力度。开展与相关国际组织和境外执法部门的联合执法，加强知识产权司法保护对外合作，推动我国成为知识产权国际纠纷的重要解决地，构建更有国际竞争力的开放创新环境。

（九）加大知识产权犯罪打击力度。依法严厉打击侵犯知识产权犯罪行为，重点打击链条式、产业化知识产权犯罪网络。进一步加强知识产权行政执法与刑事司法衔接，加大涉嫌犯罪案件移交工作力度。完善涉外知识产权执法机制，加强刑事执法国际合作，加大涉外知识产权犯罪案件侦办力度。加强与有关国际组织和国家间打击知识产权犯罪行为的司法协助，加大案情通报和情报信息交换力度。

（十）建立健全知识产权保护预警防范机制。将故意侵犯知识产权行为情况纳入企业和个人信用记录。推动完善商业秘密保护法律法规，加强人才交流和技术合作中的商业秘密保护。开展知识产权保护社会满意度调查。建立收集假冒产品来源地相关信息的工作机制，发布年度中国海关知识产权保护状况报告。加强大型专业化市场知识产权管理和保护工作。发挥行业组织在知识产权保护中的积极作用。运用大数据、云计算、物联网等信息技术，加强在线创意、研发成果的知识产权保护，提升预警防范能力。加大对小微企业知识产权保护援助力度，构建公平竞争、公平监管的创新创业和营商环境。

（十一）加强新业态新领域创新成果的知识产权保护。完善植物新品种、生物遗传资源及其相关传统知识、数据库保护和国防知识产权等相关法律制度。适时做好地理标志立法工作。研究完善商业模式知识产权保护制度和实用艺术品外观设计专利保护制度。加强互联网、电子商务、大数据等领域的知识产权保护规则研究，推动完善相关法律法规。制定众创、众包、众扶、众筹的知识产权保护政策。

（十二）规制知识产权滥用行为。完善规制知识产权滥用行为的法律制度，制定相关反垄断执法指南。完善知识产权反垄断监管机制，依法查处滥用知识产权排除和限制竞争等垄断行为。完善标准必要专利的公平、合理、无歧视许可政策和停止侵权适用规则。

四、促进知识产权创造运用

（十三）完善知识产权审查和注册机制。建立计算机软件著作权快速登记通道。优化专利和商标的审查流程与方式，实现知识产权在线登记、电子申请和无纸化审批。完善知识产权审查协作机制，建立重点优势产业专利申请的集中审查制度，建立健全涉及产业安全的专利审查工作机制。合理扩大专利确权程序依职权审查范围，完善授权后专利文件修改制度。拓展"专利审查高速路"国际合作网络，加快建设世界一流专利审查机构。

（十四）完善职务发明制度。鼓励和引导企事业单位依法建立健全发明报告、权属划分、奖励报酬、纠纷解决等职务发明管理制度。探索完善创新成果收益分配制度，提高骨干团队、主要发明人收益比重，保障职务发明人的合法权益。按照相关政策规定，鼓励国有企业赋予下属科研院所知识产权处置和收益分配权。

（十五）推动专利许可制度改革。强化专利以许可方式对外扩散。研究建立专利当然许可制度，鼓励更多专利权人对社会公开许可专利。完善专利强制许可启动、审批和实施程序。鼓励高等院校、科研院所等事业单位通过无偿许可专利的方式，支持单位员工和大学生创新创业。

（十六）加强知识产权交易平台建设。构建知识产权运营服务体系，加快建设全国知识产权运营公共服务平台。创新知识产权投融资产品，探索知识产权证券化，完善知识产权信用担保机制，推动发展投贷联动、投保联动、投债联动等新模式。在全面创新改革试验区域引导天使投资、风险投资、私募基金加强对高技术领域的投资。细化会计准则规定，推动企业科学核算和管理知识产权资产。推动高等院校、科研院所建立健全知识产权转移转化机构。支持探索知识产权创造与运营的众筹、众包模式，促进"互联网+知识产权"融合发展。

（十七）培育知识产权密集型产业。探索制定知识产权密集型产业目录和发展规划。运用股权投资基金等市场化方式，引导社会资金投入知识产权密集型产业。加大政府采购对知识产权密集型产品的支持力度。试点建设知识产权密集型产业集聚区和知识产权密集型产业产品示范基地，推行知识产权集群管理，推动先进制造业加快发展，产业迈向中高端水平。

（十八）提升知识产权附加值和国际影响力。实施专利质量提升工程，培育一批核心专利。加大轻工、纺织、服装等产业的外观设计专利保护力度。深化商标富农工作。加强对非物质文化遗产、民间文艺、传统知识的开发利用，推进文化创意、设计服务与相关产业融合发展。支持企业运用知识产权进行海外股权投资。积极参与国际标准制定，推动有知识产权的创新技术转化为标准。支持研究机构和社会组织制定品牌评价国际标准，建立品牌价值评价体系。支持企业建立品牌管理体系，鼓励企业收购海外知名品牌。保护和传承中华老字号，大力推动中医药、中华传统餐饮、工艺美术等企业"走出去"。

（十九）加强知识产权信息开放利用。推进专利数据信息资源开放共享，增强大数据运用能力。建立财政资助项目形成的知识产权信息披露制度。加快落实上市企业知识产权信息披露制度。规范知识产权信息采集程序和内容。完善知识产权许可的信息备案和公告制度。加快建设互联互通的知识产权信息公共服务平台，实现专利、商标、版权、集成电路布图设计、植物新品种、地理标志等基础信息免费或低成本开放。依法及时公开专利审查过程信息。增加知识产权信息服务网点，完善知识产权信息公共服务网络。

五、加强重点产业知识产权海外布局和风险防控

（二十）加强重点产业知识产权海外布局规划。加大创新成果标准化和专利化工作力度，推动形成标准研制与专利布局有效衔接机制。研究制定标准必要专利布局指南。编制发布相关国家和地区专利申请实务指引。围绕战略性新兴产业等重点领域，建立专利导航产业发展工作机制，实施产业规划类和企业运营类专利导航项目，绘制服务我国产业发展的相关国家和地区专利导航图，推动我国产业深度融入全球产业链、价值链和创新链。

（二十一）拓展海外知识产权布局渠道。推动企业、科研机构、高等院校等联合开展海外专利布局工作。鼓励企业建立专利收储基金。加强企业知识产权布局指导，在产业园区和重点企业探索设立知识产权布局设计中心。分类制定知识产权跨国许可与转让指南，编制发布知识产权许可合同范本。

（二十二）完善海外知识产权风险预警体系。建立健全知识产权管理与服务等标准体系。支持行业协会、专业机构跟踪发布重点产业知识产权信息和竞争动态。制定完善与知识产权相关的贸易调查应对与风险防控国别指南。完善海外知识产权信息服务平台，发布相关国家和地区知识产权制度环境等信息。建立完善企业海外知识产权问题及案件信息提交机制，加强对重大知识产权案件的跟踪研究，及时发布风险提示。

（二十三）提升海外知识产权风险防控能力。研究完善技术进出口管理

相关制度，优化简化技术进出口审批流程。完善财政资助科技计划项目形成的知识产权对外转让和独占许可管理制度。制定并推行知识产权尽职调查规范。支持法律服务机构为企业提供全方位、高品质知识产权法律服务。探索以公证方式保管知识产权证据、证明材料。推动企业建立知识产权分析评议机制，重点针对人才引进、国际参展、产品和技术进出口等活动开展知识产权风险评估，提高企业应对知识产权国际纠纷能力。

（二十四）加强海外知识产权维权援助。制定实施应对海外产业重大知识产权纠纷的政策。研究我驻国际组织、主要国家和地区外交机构中涉知识产权事务的人力配备。发布海外和涉外知识产权服务和维权援助机构名录，推动形成海外知识产权服务网络。

六、提升知识产权对外合作水平

（二十五）推动构建更加公平合理的国际知识产权规则。积极参与联合国框架下的发展议程，推动《TRIPS协定与公共健康多哈宣言》落实和《视听表演北京条约》生效，参与《专利合作条约》、《保护广播组织条约》、《生物多样性公约》等规则修订的国际谈判，推进加入《工业品外观设计国际注册海牙协定》和《马拉喀什条约》进程，推动知识产权国际规则向普惠包容、平衡有效的方向发展。

（二十六）加强知识产权对外合作机制建设。加强与世界知识产权组织、世界贸易组织及相关国际组织的合作交流。深化同主要国家知识产权、经贸、海关等部门的合作，巩固与传统合作伙伴的友好关系。推动相关国际组织在我国设立知识产权仲裁和调解分中心。加强国内外知名地理标志产品的保护合作，促进地理标志产品国际化发展。积极推动区域全面经济伙伴关系和亚太经济合作组织框架下的知识产权合作，探索建立"一带一路"沿线国家和地区知识产权合作机制。

（二十七）加大对发展中国家知识产权援助力度。支持和援助发展中国家知识产权能力建设，鼓励向部分最不发达国家优惠许可其发展急需的专利技术。加强面向发展中国家的知识产权学历教育和短期培训。

（二十八）拓宽知识产权公共外交渠道。拓宽企业参与国际和区域性知识产权规则制修订途径。推动国内服务机构、产业联盟等加强与国外相关组织的合作交流。建立具有国际水平的知识产权智库，建立博鳌亚洲论坛知识产权研讨交流机制，积极开展具有国际影响力的知识产权研讨交流活动。

七、加强组织实施和政策保障

（二十九）加强组织领导。各地区、各有关部门要高度重视，加强组织领导，结合实际制定实施方案和配套政策，推动各项措施有效落实。国家知识产权战略实施工作部际联席会议办公室要在国务院领导下，加强统筹协调，研究提出知识产权"十三五"规划等具体政策措施，协调解决重大问题，加强对有关政策措施落实工作的指导、督促、检查。

（三十）加大财税和金融支持力度。运用财政资金引导和促进科技成果产权化、知识产权产业化。落实研究开发费用税前加计扣除政策，对符合条件的知识产权费用按规定实行加计扣除。制定专利收费减缴办法，合理降低专利申请和维持费用。积极推进知识产权海外侵权责任保险工作。深入开展知识产权质押融资风险补偿基金和重点产业知识产权运营基金试点。

（三十一）加强知识产权专业人才队伍建设。加强知识产权相关学科建设，完善产学研联合培养模式，在管理学和经济学中增设知识产权专业，加强知识产权专业学位教育。加大对各类创新人才的知识产权培训力度。鼓励我国知识产权人才获得海外相应资格证书。鼓励各地引进高端知识产权人才，并参照有关人才引进计划给予相关待遇。探索建立知识产权国际化人才储备库和利用知识产权发现人才的信息平台。进一步完善知识产权职业水平评价制度，稳定和壮大知识产权专业人才队伍。选拔培训一批知识产权创业导师，加强青年创业指导。

（三十二）加强宣传引导。各地区、各有关部门要加强知识产权文化建设，加大宣传力度，广泛开展知识产权普及型教育，加强知识产权公益宣传和咨询服务，提高全社会知识产权意识，使尊重知识、崇尚创新、诚信守法理念深入人心，为加快建设知识产权强国营造良好氛围。

国务院

2015 年 12 月 18 日

国家知识产权局关于知识产权支持小微企业发展的若干意见

国知发管字〔2014〕57 号

各省、自治区、直辖市、新疆生产建设兵团知识产权局：

为贯彻落实《中共中央关于全面深化改革若干重大问题的决定》、《国务院关于进一步支持小型微型企业健康发展的意见》（国发〔2012〕14 号）精神，深入实施国家知识产权战略，切实做好《国家中长期人才发展规划纲要（2010—2020 年）》中实施知识产权保护政策相关工作，激发小微企业（系指《中小企业划型标准规定》（工信部联企业〔2011〕300 号）中的小型、微型企业）创造活力，全力支持小微企业创业创新发展，提出以下意见。

一、扶持小微企业创新发展

（一）支持创新成果在国内外及时获权。完善专利审查快速通道，对小微企业亟须获得授权的核心专利申请予以优先审查，并按照《发明专利申请优先审查办法》规定的程序办理。充分利用电话讨论、远程会晤等方式指导小微企业合理缩短实质审查时间。开展小微企业专利审查高速路（PPH）推广帮扶项目，编制针对小微企业的海外获权指导手册，建立小微企业国外专利申请—获权援助渠道，支持小微企业在海外快速获得专利权。

（二）完善专利资助政策。积极探索推进小微企业专利费用减免政策，支持小微企业知识产权创造和运用。加大对小微企业专利申请资助力度，推动专利一般资助向小微企业倾斜。结合科技型中小企业专利申请"消零"行动，对小微企业申请获权的首件发明专利予以奖励。鼓励小微企业通过实施专利提高专利产品种类和产值，对小微企业通过独占许可和排他许可方式引进实施专利给予专项资助。

（三）创新知识产权金融服务。建立小微企业知识产权金融服务需求调查制度，深入开展专利价值分析服务和政策宣讲，鼓励小微企业以质押融资、许可转让、出资入股等方式拓展知识产权价值实现渠道。加强与商业银行的知识产权金融服务战略合作，进一步推动开发符合小微企业创新特点的知识产权金融产品，引导各类金融机构为小微企业提供知识产权金融服务。鼓励建立小微企业信贷风险补偿基金，对知识产权质押贷款提供重点支持。加快推动知识产权保险服务纳入小微企业产业引导政策，完善小微企业风险补偿机制。充分发挥支持性财税政策的引导作用，通过财政补贴和风险补偿等方式合理降低贷款、担保和保险等费率。

二、完善小微企业知识产权社会化服务

（四）加快知识产权公共服务体系建设。深入推进中小企业知识产权战略推进工程，建立健全省、市、县三级知识产权服务网络，完善对小微企业创业辅导、管理咨询、投资融资、人才培训、技术创新等方面的知识产权服务功能。在小微企业集聚的创业基地、孵化器、产业园等逐步建立知识产权联络员制度和专家服务试点，吸纳专利代理人及其他服务机构人员深入参与，并提供必要财政支持，逐步形成小微企业知识产权服务长效机制。

（五）发挥知识产权社团组织作用。鼓励知识产权行业协会吸收小微企业入会，充分发挥行业协会在制定行业标准、开展行业自律、调解知识产权纠纷、规范市场秩序等方面的积极作用，切实维护小微企业合法权益。支持知识产权行业协会创新服务模式，利用互联网等新技术搭建小微企业会员交流平台，积极开展企业间专利信息共享、协同运用、联合维权、管理咨询等活动。

（六）调动和优化配置知识产权服务资源。建立健全知识产权服务规范、服务评价和激励机制，引导各类知识产权服务机构为小微企业提供质优价惠的专业服务。鼓励每名专利代理人每年为小微企业免费代理一件以上的专利申请，对服务小微企业绩效突出的知识产权服务机构给予奖励和项目优先委托。可采取"专利服务券"等政府购买服务方式满足小微企业服务需求。

三、提高小微企业知识产权运用能力

（七）提升知识产权管理水平。实施小微企业知识产权管理能力提升计划，建立联系、辅导工作机制，引导小微企业建立与发展阶段和发展目标相适应的知识产权管理制度。鼓励科技型小微企业贯彻实施《企业知识产权管理规范》国家标准，组织专家团队对有需求的小微企业对标诊断，并指导制定贯标工作方案。对通过知识产权管理体系认证的小微企业可予以合理资助和奖励。

（八）做好知识产权优势培育工作。建立符合小微企业特点的知识产权优势培育体系，制定培育措施，并围绕小微企业发展定位进行个性化培育。对研发投入和专利成果达到一定水平，产品市场占有率较高的小微企业，集中优势资源重点培育。支持科技型小微企业申报国家级知识产权优势企业。

（九）加强专利信息利用。充分发挥专利信息导航作用，在小微企业集聚区开展专利导航公共服务平台建设，为政府部门分类、分级培育小微企业提供决策支撑。加强专利信息传播利用基地建设，深入开展专利信息利用帮扶促进工作，开展专利信息助推小微企业创新发展试点。依托各类服务平台向小微企业免费或低成本提供专利查新检索服务，广泛开展知识产权信息订制推送服务。

（十）提升知识产权实务技能。将小微企业的业务骨干培养纳入年度全国知识产权人才培训计划，加强小微企业研发人员专利撰写、专利分析等实务能力的培养。加强国家中小微企业知识产权培训基地建设，建立小微企业管理团队知识产权业务技能培养机制，每年培训 1 万名小微企业经理人、研发负责人和创业者。

（十一）鼓励专利创业创新。引导高校院所、科研组织与小微企业开展知识产权合作互助，建立订单式专利技术研发体系，帮助小微企业进行专利创业和专利二次开发。鼓励国有企事业单位将闲置专利向小微企业许可转让，引导国家级知识产权示范企业履行社会责任，向小微企业低成本或免费实施专利许可。积极组织拥有知识产权项目的小微企业参加境内外展览展销活动，在名额、费用等方面适当倾斜。

四、优化小微企业知识产权发展环境

（十二）扶持知识产权服务业小微企业发展。实施知识产权服务引导项目，培育知识产权服务品牌机构，支持和引导民营知识产权服务机构健康发展。有序开放知识产权基础信息资源，增强小微型知识产权服务机构市场服务供给能力。完善行业信用评价、诚信公示和失信惩戒等机制。鼓励服务机构成立区域性服务联盟，实现优势互补、资源共享。通过政府投入引导资金或购买服务等方式，支持小微型知识产权服务机构参与知识产权公共服务。支持有条件的地区探索制定项目补贴、定向资助等具体措施。

（十三）加大专利行政执法力度。积极开展电子商务领域、展会、重点行业和市场执法维权工作，着力打击专利侵权假冒行为，切实维护小微企业产品开发、生产、销售等各环节的合法权益。结合小微企业技术创新周期短、实用新型和外观设计专利较多、涉案金额相对较低等特点，加快推进建立专利侵权纠纷快速调解机制，帮助小微企业及时获得有效保护。

（十四）推进知识产权维权援助工作。加强知识产权保护法律法规、典型案例的宣传和培训，增强小微企业知识产权保护意识。鼓励各维权援助中心在小微企业聚集区设立分中心、工作站等，帮助被侵权小微企业制定完善的维权方案，提高确权效率，降低维权成本。积极主动提供维权服务，对于小微企业符合立案条件的举报投诉线索，及时移送行政执法部门。针对经济困难的专利权利主体，推动建立小微企业维权援助工作机制。

（十五）营造良好舆论氛围。加强小微企业知识产权扶持政策宣讲和典型宣传，发挥新闻媒体优势，采用专题、专栏、专版等形式，广泛报道小微企业创新发展的扶持政策和典型案例，深入挖掘小微企业运用知识产权创新发展的典型经验。面向小微企业组织召开相关政策宣讲会，编制并发放知识产权政策宣传册（页）。

各省（区、市）知识产权局要结合本地区发展实际，研究制定具体落实措施，帮助小微企业解决现实难题。国家知识产权局将加强政策解读和任务细化，建立有利于小微企业发展的知识产权考核评价机制，推动有关政策尽快"落地"。从 2015 年开始，各省（区、市）知识产权局要将本地区上一年度小微企业知识产权工作的情况、成效、问题、下一步打算及政策建议，于每年 1 月底前专题报我局。

国家知识产权局

2014 年 10 月 8 日

关于严格专利保护的若干意见

国知发管字〔2016〕93 号

为深入贯彻党中央、国务院关于严格知识产权保护的决策部署，认真落实《中共中央国务院关于完善产权保护制度依法保护产权的意见》（中发〔2016〕28 号），推进知识产权强国建设，现就严格专利保护提出如下意见。

一、总体要求

（一）指导思想

严格专利保护，必须全面贯彻党的十八大和十八届三中、四中、五中、六中全会精神，深入贯彻习近平总书记系列重要讲话精神，按照"五位一体"总体布局、"四个全面"战略布局的要求，牢固树立创新、协调、绿色、开放、共享的发展理念，开拓进取，勇于创新，突出中国特色，加快构建严格保护专利权的政策体系、工作机制，全面提升专利保护的效率与水平，严厉打击侵权假冒行为，满足广大创新主体、市场主体与消费者需要，营造创新发展良好环境，切实维护群众根本利益。

（二）基本原则

坚持服务大局。严格专利保护，必须着眼于完善体制、创新机制，助力深化改革；着眼于规范竞争、强化监管，推进依法治国；着眼于弘扬诚信、激励创新，促进经济发展。

强化协同推进。严格专利保护，必须构建授权确权、行政执法、司法裁判、维权援助、社会诚信及调解仲裁相互促进的保护机制；进一步发挥行政保护的优势，加快完善行政和司法两条途径优势互补、有机衔接的保护模式；完善统筹协调机制，推进形成协调、顺畅、高效的大保护格局。

注重突出重点。严格专利保护，必须切实加强关键环节和重点领域的专利保护工作，创新执法监管机制，加大对侵权假冒行为的惩治力度；建立快速协同保护机制，增强授权、确权、维权的协调性，提高专利保护各环节的质量和效率；推进互联网、电子商务、大数据等新业态新领域的专利保护，加强食品药品、环境保护、安全生产等民生领域的专利保护。

（三）工作目标

到 2020 年，严格专利保护的政策法规体系与工作体制机制基本健全，专利执法办案力度、效率和水平全面提升，专利保护协作机制有效运行，专利授权确权维权联动机制运行良好，快速协同保护机制全面深化，专利保护与发明水平、专利质量之间形成良性互动关系。专利侵权假冒行为得到有效遏制，违法犯罪分子受到严厉打击，专利权人合法权益得到切实维护，权利人与社会公众对专利保护的信任度、满意度大幅提高，专利维权能力显著提升，尊重创造、崇尚创新的氛围更加浓厚，严格专利保护的局面基本形成。

二、充分履行政府监管职责，加大打击专利侵权假冒力度

（四）全面加强专利执法监管

积极履行专利保护领域事中事后监管职责。建立适应新的技术发展与生产交易方式的监管方式，完善专利保护领域事中事后监管政策体系，推进建立健全专利执法监管规则，协调行业监管与社会监管，融合线上监管与线下监管，兼顾重点监管与一般监管，提升监管成效，切实履行政府监管职责。

创新专利执法监管方式。综合运用网络方式与现场抽查方式，通过大数

据分析，精准发现专利侵权假冒线索，科学判断各地专利侵权假冒行为发生率与执法维权需求度，为合理配置执法监管资源、确定执法办案力度提供充分依据。加强专利侵权假冒风险监控，针对专利侵权假冒高风险企业与高风险商品，深化信息调查，强化风险研判，及时采取专利侵权假冒风险监控措施。选择相关领域先行突破，加快推进各领域专利执法监管机制创新。

深化线上专利执法监管机制。加强网络交易平台监管，对经营者入网审核、日常经营各环节的专利维权保护提出明确要求，引导网络交易平台建立针对侵权假冒行为的内部投诉处理机制。强化与网络交易平台合作，加强对侵权假冒的预警监测和事前风险防范，及时发现和掌握专利侵权假冒违法线索。深化电子商务领域专利执法协作调度机制，提升线上案件办理效率和线上转线下案件协作水平。针对线上专利侵权假冒线索，积极开展线下调查，依法进行快速处理。严格对跨境电子商务的专利执法监管，促进国内监管与跨境监管的结合。

（五）大力整治侵权假冒行为

强化专项整治行动。加强对专项整治行动的统一调度，增强专项整治行动合力，推动加大执法办案力度，提升对侵权假冒行为的打击效果，防止和打击创新领域的劣币驱逐良币现象，提振创新者与权利人信心。加强技术手段运用，拓展专项行动类型与方式。坚决打击食品药品、环境保护、安全生产等领域侵权假冒行为，切实维护人民群众切身利益。

依法延伸打击范围。依照法律法规，积极打击为侵权假冒提供便利条件的行为。提高打击侵权行为的效率，对认定侵权成立后，再次侵犯同一专利权的案件，依法尽快责令停止侵权。对使用或销售侵权假冒产品的行为，依法深挖生产源头，切实予以严厉打击。

（六）切实提高执法办案效率

简化立案、送达与处理的手续和方式。简化专利侵权纠纷案件立案手续，推行专利侵权纠纷案件立案登记制。建立案件送达信息的网上公告方式，方便案件送达。试行侵权纠纷案件书面审理机制，对立案时请求人已提交专利权评价报告的外观设计、实用新型侵权案件，经当事人陈述和质证后，可以书面审理作出处理决定。对庭前准备充足、证据收集全面的案件，可试行在口头审理结束后当场作出处理决定。对于证据充分的假冒专利案件，试行当场作出停止假冒行为的决定。在外观设计专利案件中推行格式化处理决定书。

建立办案分级指导机制。跨省份、具有全国影响力的案件可报请国家知识产权局指导或督办，跨地级市的案件可提请省（区、市）知识产权局指导或督办。通过上级机关委托或地方法规授权的方式，推动有条件的县级知识产权局查处假冒专利、调处专利纠纷。各省（区、市）知识产权局可组织辖区内执法办案骨干，集中、快速办理辖区内的重大、疑难案件。市级、县级知识产权局在执法办案中遇到的具体规则适用问题，原则上由省（区、市）知识产权局及时答复，有关方面对答复有不同意见的，可请求国家知识产权局答复。

（七）有效推进调查取证工作

充分运用调查取证手段。对权利人举证确有困难的，应充分、合理使用登记保存、抽样取证等调查取证手段，适当减轻专利权人举证负担；专利侵权纠纷案件立案受理后，应尽量采取直接送达方式，在送达的同时进行调查取证。调查取证时，对拒绝配合的被调查人员和企业，依照相关规定列入征信系统失信名单。对法律、法规赋予地方知识产权局实施查封、扣押、封存、暂扣等措施的，应依法充分行使。探索以公证方式保管案件证据及相关证明材料。

（八）切实提升侵权判定水平

切实提高专利侵权判定水平。建立健全侵权判定咨询机制，推进专利侵权判定咨询中心与专家库建设，充分发挥专业人员的作用，有效开展疑难案件的侵权判定咨询工作。加大专利侵权判定及相关证据规则的推广施行力度，提高侵权判定的规范性与协调性。对创新程度高、研发投入大的原创性发明，加大专利保护力度。严格执行发明和实用新型专利侵权判定的全面覆盖原则，积极适用等同侵权判定原则，合理适用现有技术和现有设计抗辩原则。

（九）全面加强执法能力建设

推进全系统执法能力的整体提升。全面强化专利执法监管能力，有效提升执法监管水平。创新执法培训方式，建立网络培训研讨模式。深化培训内容，调整完善专利行政执法人员培训大纲与培训教材体系。开展分专业技术领域的专利侵权判定培训，加快培养精通特定领域案件的专业性执法人才。严格实行执法人员持证上岗和资格管理制度，有序开展专利行政执法证件年检。加强执法办案骨干的培养和使用，选择执法办案骨干参与全系统的执法督导、政策研究及跨区域疑难案件分析。支持从事执法工作五年以上的执法办案骨干参加各类高层次法律研修。

（十）有效加强执法协作调度

深化专利执法协作调度机制。积极开展跨地区执法案件与办案人员调度工作，确保跨区域协助调查、送达、执行的渠道畅通。深化"一带一路"、京津冀协同发展、长江经济带等区域的联合专利执法和协作执法。

建立专利违法线索通报通告机制。通过执法信息化系统汇总、通告、分发各地专利违法线索，畅通跨区域案件信息交换渠道，协同查处重大案件。各省（区、市）知识产权局汇总全省专利案件线索，及时将有关地市知识产权局查处的假冒专利案件信息以线上方式推送至辖区内其他地市知识产权局，以方便其及时获取案件线索，并为统一组织查处提供可靠信息。

（十一）建立案件质量保障体系

加快建立全面的执法案件质量保障体系。建立覆盖立案、处理、结案全流程的动态监控机制，强化执法办案质量奖惩机制。加快建立指导案例制度。

根据专利行政执法案卷评查办法，定期评查并发布执法案件质量评查报告，发挥典型案例在提升办案质量中的示范作用。严格落实档案管理规定，做到专利执法案卷基本要素齐全、格式规范；建立完整的电子执法档案库，加快推进执法档案信息化建设。建立专利执法案件回访机制，对于近年已经结案的侵权假冒案件，组织案件回访，跟踪案件处理效果。公开处理重要案件，探索以互联网方式对专利案件进行公开处理，对于典型专利侵权案件开展示范口头审理活动。

（十二）强化绩效考核与责任制

建立常态化执法责任追究机制。严格确定不同岗位专利行政执法人员的执法责任，加强执法监督，完善行政执法监督网络，坚决排除对执法办案活动的干预，防范地方保护主义，警惕执法工作中的利益驱动。加强行政问责规范化、制度化建设，积极预防和纠正不作为、乱作为现象。认真落实党风廉政建设责任制，坚持有错必纠、有责必问。深化执法督导巡查机制。国家知识产权局定期督导、巡查各省（区、市）知识产权局及承担专项执法任务的市局执法工作情况，各省（区、市）知识产权局对辖区内各地执法工作进行全面督导。强化案件督办机制，提高案件督办效率，对不当拖延、推诿扯皮等行为要坚决问责。通过巡查督导，确保执法责任制和纠错问责制的全面落实。

建立随机抽查与公开制度。深入落实"双随机一公开"工作制度，在执法检查中按规定确立随机抽查的比重。制定随机抽查事项清单，推广运用电子化手段，对抽查做到全程留痕，实现痕迹可查、行为可溯、责任可追。

强化执法绩效考核机制。完善执法维权绩效考核指标体系，确立办案力度、水平及效率等重要指标的合理分值，引导各地切实加强执法办案工作。加强执法绩效管理，根据执法办案实际与绩效考核情况，强化对地方知识产权局的办案支持，加大对执法办案人员的激励。

三、加强授权确权维权协调，提升专利保护的效率和质量

(十三) 加快建立快速协同保护体系

加快建立快速协同保护体系。充分发挥知识产权保护中心的作用，畅通从授权、确权到维权的全链条快速保护通道，扩大知识产权快速授权、确权、维权覆盖面，推进快速保护由单一专业领域向多领域扩展。在快速维权需求程度高的技术领域先行突破，运用专利申请优先审查等机制，加快推动将快速保护的专利类别由外观设计向实用新型与发明扩展，从审批授权环节向无效确权环节延伸。积极对接大型电子商务平台，加强集聚产业线上快速维权工作。拓展工作范围，建立快速出具实用新型和外观设计专利权评价报告机制。

(十四) 促进授权确权维权信息共享

建立专利审查信息与专利执法办案信息的共享机制。充分发挥执法办案信息在专利审查管理与专利质量提升工作中的参考作用。将维权成功率高、专利稳定性强的权利人信息定期反馈给专利审查、专利复审部门，作为快速审查、确权的重要参考信息之一。适时将专利授权、确权的相关信息提供给专利行政执法办案主体，以提高侵权判定的效率。将专利授权、确权中发现的诚信度高的专利权人纳入诚信激励名单，将诚信缺失的专利申请人纳入诚信惩戒名单。

加强专利授权、确权、维权信息交流。推进专利申请、审查授权、公布公告、登记备案、产品标注、执法办案等各环节实行统一的专利标识，实现专利标识电子化管理，构建专利执法与专利审查良性互动的技术条件。建立授权、确权、维权信息定期交流与专题交流机制，协同提升专利授权与专利执法的质量与效率。

(十五) 建立授权确权维权联动机制

建立授权、确权、维权联动机制。建立专利审查员作为技术专家参与专

利侵权案件处理的机制。加强审查、复审人员与执法人员之间的业务交流，提高对授权、确权、维权中常见法律与技术问题认定的协调性。建立专利确权与专利侵权办案的联动机制，加快侵权案件涉案专利无效宣告的处理速度，缩短侵权案件办理期限。

建立快速联动反应机制。根据产业发展需要与社会反响，针对相关专利执法案件，建立从无效到行政调处的快速联动反应机制，组织执法、审查等方面的专业人员，就权利稳定性、侵权判定、案件处理等快速开展分析判断，有效提高案件办理质量和效率。

有效发挥服务机构在授权、确权、维权联动机制中的作用。建立专利侵权案件调处与专利代理服务、法律服务的信息反馈机制，及时将执法办案中发现的专利申请文件撰写质量问题反馈至相关服务机构。在执法办案过程中及时听取相关服务机构意见。推进提升专利中介服务质量，通过专利服务质量的提高，促进授权、确权、维权质量的提升。

四、推进行政、司法有机衔接，进一步加强跨部门执法协作

（十六）推进行政执法与民事保护优势互补

发挥行政执法在快捷调处纠纷、及时制止侵权方面的优势，推进民事保护在专利侵权赔偿救济中发挥重要作用，更好实现行政执法与民事保护的相融互补。

推进诉调对接和司法确认工作。支持对专利纠纷进行诉前、诉中调解，促成当事人和解或达成调解协议，引导当事人依法申请司法确认。针对专利侵权案件执行难问题，积极开展强制执行申请工作，推进强制执行"责令停止侵权"行政决定工作。

（十七）促进行政执法与刑事执法有机衔接

加强行政执法和刑事执法的有机衔接，查处专利违法行为时，依法做好

案件的相互移送，严禁以罚代刑。

深化与公安机关的协作配合机制。推动在地方知识产权局设立公安联络室，推进调查取证协作工作和协调涉嫌犯罪案件的移送工作。联合通报表扬知识产权执法先进集体和个人。

推进行政执法与刑事执法联动机制建设。积极利用行政执法与刑事执法信息共享平台，推动实现涉嫌假冒专利犯罪案件网上移送、网上监督，完善线索通报、证据移交、案件协查等协作机制。

认真配合检察监督工作。积极配合检察机关对行政执法机关移送涉嫌假冒专利犯罪的监督工作。认真配合对涉及专利侵权的民事、行政案件的审判和执行活动的监督工作。对于检察机关履职中发现的行政机关违法行使职权或者不积极履行职责的行为，及时依法予以纠正。

（十八）强化专利案件的行政诉讼应诉工作

提高对行政诉讼应诉工作重视程度。地方知识产权局负责人应听取涉及行政诉讼的案件情况汇报，审核答辩法律文书。对于重大疑难案件或可能涉及行政诉讼的案件，提前做好法律风险的分析研判。落实负责人出庭应诉制度，逐步提高负责人出庭应诉案件比例。

加强专利行政应诉典型案例研讨。加强专利行政应诉案件分析研判，充分发挥法律顾问在行政应诉中的作用，持续提升依法行政的自觉性。

（十九）积极推进跨部门知识产权执法协作

积极推进跨部门执法办案协作。充分发挥各级跨部门知识产权协作机制的作用，积极推进知识产权执法协作。推进在新技术领域形成跨部门保护合力。加大植物新品种育种方法专利保护协作力度。推进完善进出口环节专利保护协作，配合建立进出口环节专利侵权判定机制，协同推进强化专利权边境保护工作，带动对生产源头、销售环节专利侵权行为的治理。建立健全展会专利保护协作机制，推进建立对注有专利标识的参展产品的报备机制，在重点展会建立知识产权举报投诉维权援助工作站。

推动拓展跨部门执法合作范围。加强与各有关部门的合作，充分发挥专利保护对高新技术快速发展、民生相关产业健康发展、国防建设与经济建设融合发展的促进保障作用，加快建立相关的信息沟通、风险研判、办案协作等机制，将专利保护与人民群众的重大关切更密切地结合起来，进一步提高治理各类侵权假冒行为的协同性。

五、加强维权援助平台建设，拓宽专利保护公益服务渠道

（二十）深化维权援助举报投诉机制

畅通知识产权举报投诉渠道。加强网络与通信终端举报投诉平台建设，完善工作流程，规范举报投诉的受理、答复、移交、反馈与跟踪，建立举报投诉快速反应机制。严格实行举报投诉工作责任制，确保举报投诉件件有落实。健全知识产权举报投诉奖励制度，鼓励权利人和社会各界对知识产权侵权假冒行为进行举报投诉。

强化维权援助中心公益服务功能。拓展维权援助中心服务渠道，使其成为各界群众与权利人寻求支持和监督建言的重要平台。推动加大对维权援助条件建设的支持力度。提升维权服务质量，通过制定针对性强的维权方案，帮助权利人降低维权成本、缩短维权周期、提升维权效果。

（二十一）加强创新创业维权援助服务

建立创新创业知识产权维权援助服务机制。拓展创新创业人才知识产权维权援助服务的深度和广度，通过完善网络、专题指导、信息监测、侵权判定、快速维权等措施，从知识产权的申请、运用和维权等方面为创新创业人才提供专业服务，助力大众创业、万众创新，促进人才引进、人才发展。建立创新创业人才知识产权维权援助绿色通道，快速受理和解决创新创业人才反映的维权问题。

构建创新创业知识产权维权服务网络。在创新创业人才集聚区设立知识产权维权援助工作站，实现工作站对创新创业人才的点对点服务。面向创新创业人才开展专题宣传，提高创新创业人才的知识产权维权意识，引导创新创业人才通过12330平台及时获得维权援助服务。深化维权中心对接创新创业人才活动，制定专门维权援助方案，提供专项维权援助服务。

（二十二）拓展维权援助服务工作范围

深化重大活动知识产权维权援助服务机制。对冬奥会、园博会等影响较大的活动，制定知识产权维权援助工作方案，明确工作责任，加强风险评估，方便举报投诉，维护良好活动秩序，保障活动顺利开展。

拓宽维权调查渠道。发挥维权援助中心在开展专利保护社会调查中的作用，广泛听取权利人、创新主体、法律服务机构等社会各界的意见建议，对各地侵权假冒行为的发生情况、维权需求及执法效果进行深入调查、综合研判，并向国家知识产权局反馈，以增强对地方知识产权部门执法维权工作评价的公正性和客观性。

引导企业及时维权。维权援助中心应引导行业协会、产业知识产权联盟，定期提供创新程度高、市场反响好的专利产品名单；及时组织知识产权保护志愿者，围绕专利产品名单，通过互联网检索与市场暗访等方式，发现侵权假冒线索，并引导企业及时维权。

完善境外展会维权机制。以大型境外展会为突破口，推进加强海外知识产权维权。建立境外展会快速维权与境内维权援助工作的联动机制，发挥现有维权援助体系对境外展会维权的支撑作用。选择对我国重点产业发展影响较大、专利密集度较高的境外知名展会开展现场维权服务。

六、引导社会力量参与治理，共建专利保护社会治理机制

（二十三）加强信息公开与社会信用体系建设工作

加大案件信息公开力度。强化假冒专利案件行政处罚信息和专利侵权案

件处理决定信息的公示工作，拓展公开范围与内容，严格落实公示标准。对专利违法行为加大曝光力度，有效震慑侵权假冒行为。

完善失信惩戒机制。将有关专利违法违规行为信息纳入企业和个人信用记录，明确有关信用信息的采集规则，积极推进信用信息的有效使用。充分利用统一社会信用代码数据库，有效使用全国统一的信用信息共享交换平台，加强专利违法失信行为信息在线披露和共享。加快推进专利领域联合惩戒机制建设，充分利用相关监管惩戒手段，加大对不良信用记录较多者实施严格限制和联合惩戒的力度，推进强化针对侵权假冒的惩戒手段。

（二十四）健全纠纷多元解决机制与社会监督机制

健全纠纷多元化解决机制。健全知识产权调解、仲裁规则，调动各类社会团体与机构的积极性，发挥社会调解与仲裁等替代性纠纷解决机制的作用。持续开展知识产权保护社会满意度调查工作。加大权利人、专业人员和社会公众对知识产权保护的社会监督力度，广泛动员社会力量参与知识产权保护工作，探索建立知识产权保护监督机制，提高公众知识产权保护意识和社会参与度。

引导建立专利维权行业自律机制。有效发挥行业协会作用，指导行业协会做好会员的专利维权服务，发挥行业协会在构建专利保护社会治理机制中的作用。引导服务机构提供全方位、高品质的维权服务。

（二十五）充分发挥专利保护重点联系机制的作用

深化专利保护重点联系机制。发挥专利保护重点联系单位在侵权判定咨询、调查侵权假冒行为中的专业优势。进一步吸纳研发机构、高校、服务机构、创新人才集聚区、产业园区等进入重点联系机制；鼓励企业加入专利保护重点联系机制，在公开、自愿的前提下，引导创新型企业加入专利保护重点联系机制，听取企业诉求，畅通企业专利保护通道。增强市场主体、创新主体参与专利保护社会治理的主动性，提升执法主体加强专利保护事中事后监管的针对性。

七、积极营造良好国际环境，深化执法保护领域国际合作

（二十六）积极拓展执法交流合作

积极拓展多双边知识产权执法交流合作。推进与周边国家、主要贸易伙伴国、金砖国家及"一带一路"沿线国家知识产权机构的执法信息交流、人员交流与执法协作，加强执法人才培养合作，积极推进执法监管合作，加大相互借鉴、相互支持力度，协同解决各方重点关切问题。在符合国际规则与国内法律的基础上，在知识产权确权、维权中为国内外企业提供同样的便利，吸引尽可能多的国外先进技术向我国转移。

（二十七）有效运用争端解决机制

主动运用多双边知识产权争端解决机制。积极应对外方发起的知识产权争端，依规则维护中方合法权益。必要时，支持在多边贸易机制中启动知识产权争端解决机制，依照国际规则积极维护我国权益。指导、支持我国知识产权权利人维护海外合法权益。

（二十八）推进完善执法国际规则

推进完善国际知识产权执法保护规则。积极参与国际组织的知识产权执法交流活动，推进加强与国际组织在执法能力提升中的各项合作，支持专业性国际组织在知识产权争端解决中发挥作用，增强参与调整知识产权执法保护国际规则的主动性与针对性，及时提出措施建议。

八、加强保障

（二十九）强化制度保障

协同加强严格专利保护的制度建设。积极配合立法部门推进相关法律法规的制定、修改工作，及时修改完善部门规章，推进条件成熟的地区及时制

定、修改地方性法规或政府规章，积极探索建立严格专利保护的法律制度。通过推进完善制度，加大专利侵权损害赔偿，针对故意扰乱市场秩序的侵权行为，规定必要的行政调查取证手段，明确行政调解协议效力，为各级政府履行专利保护监管职责提供必要的法律依据，推进合理划分行政与司法的职责，为形成严格保护专利权的合力提供充分的法制保障。推进加快互联网、电子商务、大数据等领域的知识产权保护规则研究制定。

（三十）加强队伍建设

全面加强专利执法力量建设。加大各级专利执法队伍建设力度，确保执法队伍的基本稳定，依法推进专利执法队伍的专业化、职业化建设。充分利用系统内外专业人才资源，建立健全执法指导与执法咨询机制，建立执法咨询专家库。

（三十一）改善条件保障

提升执法工作信息化水平。发挥好大数据、云计算、物联网等信息技术手段在发现、防范与打击侵权假冒行为中的重要作用，构建全方位的执法维权工作信息化网络。加强执法条件建设。积极推进依法依规加大执法投入，配备必要的执法装备，保障打击侵权假冒的基本需求，确保有效履行职责。地方知识产权局应加强专利执法办案标准化建设，确保案件口头审理室基本条件，积极为执法工作人员配备便携式专利法律状态查询设备和执法现场视音频记录仪。执法人员应严肃执法着装，增强执法办案的规范性、严肃性与权威性。

（三十二）营造舆论环境

创新舆论营造方式。针对创新资源集中的区域与单位，广泛宣传知识产权维权的各类途径，引导有关各方选择合适的纠纷解决方式。及时发布知识产权保护理论最新研究成果，争取各方对加强专利执法监管的支持。创新对外宣传的方式方法，积极推进多语种对外宣传，加大海外宣传力度。积极通过政府网站、12330举报投诉平台等渠道，充分运用新媒体方式，提升舆论营造效果。深化实例报道。加强对维权成功案例的报道，曝光知识产权侵权假冒典型案件，开展全国知识产权系统行政执法典型案例评选，专题报道执法维权先进集体和个人的经验与事迹，进一步增强创新者、权利人和社会公众对专利制度的信心，营造严格专利保护的舆论氛围。

（三十三）明确工作路径

推动全面展开。各地方知识产权局与国家知识产权局各部门、各单位应根据本意见的要求，依照工作职责，细化措施，积极行动，努力开展各项工作，尽快取得工作成效。鼓励先行先试。指导有条件、有基础的地方与单位，选择严格专利保护的某一方面，发挥优势，先行突破。强化支持引导。采取综合措施，对严格专利保护工作突出的地方与单位加大支持力度，及时向全国推广经验，科学引导严格专利保护工作的深入开展，加快在全国形成严格专利保护局面的进程。

北京市人民政府关于加快知识产权
首善之区建设的实施意见

京政发〔2017〕4号

各区人民政府、市政府各委、办、局，各市属机构：

为全面贯彻落实《国务院关于新形势下加快知识产权强国建设的若干意见》（国发〔2015〕71号）精神，深入实施创新驱动发展战略，加快知识产权首善之区建设，现提出如下实施意见。

一、总体要求

（一）指导思想

深入贯彻落实党的十八大和十八届三中、四中、五中、六中全会精神，深入学习贯彻习近平总书记系列重要讲话和对北京重要指示精神，牢固树立创新、协调、绿色、开放、共享的发展理念，牢牢把握首都城市战略定位，坚持战略引领、改革创新、市场主导、统筹兼顾的原则，紧紧围绕全国科技创新中心建设，深入实施国家知识产权战略，健全知识产权管理机制，加大知识产权保护力度，促进知识产权创造运用，培育知识产权服务业态，实施知识产权重点发展工程，推动知识产权国际化发展，全面提升首都知识产权综合实力，为建设国际一流的和谐宜居之都提供有力支撑。

（二）主要目标

到 2020 年，知识产权的创造水平大幅提高，运用效果显著增强，保护状态持续优化，服务能力明显提升，人才队伍不断壮大，知识产权与经济发展深度融合，成为全国知识产权创造运用的龙头、国际交往的窗口、服务资源的高地，初步建成知识产权首善之区。

到 2020 年，每万人发明专利拥有量达到 80 件，通过《专利合作条约》（PCT）途径提交的专利年度申请量达到 13000 件，商标注册量达到 55 万件，作品著作权登记量达到 83 万件，知识产权质押融资年度金额达到 100 亿元，知识产权服务品牌机构达到 100 家。

二、重点任务

（一）健全知识产权综合管理机制

1. 推进知识产权管理机制改革。完善市知识产权办公会议职能，优化知识产权工作统筹推进机制。支持中关村国家自主创新示范区在知识产权保护机制上先行先试,积极探索知识产权管理体制机制改革。完善北京市企业信用信息公示系统,加大对知识产权侵权行为和服务机构失信行为的惩戒力度。

2. 创新高等院校、科研院所知识产权管理机制。推动高等院校、科研院所建立知识产权转移转化机构,盘活知识产权存量资源,加快科技创新成果转移转化。以市场为主导,推动校企联合开展专利创造运用。将高等院校、科研院所获得的知识产权收益向研发和对知识产权转移转化做出重要贡献的人员倾斜。

3. 发挥各类社会团体的知识产权管理作用。支持行业协会、产业联盟等社会团体参与知识产权社会管理和公共服务。充分发挥以行业协会为代表的社会团体在优化知识产权保护环境、推进知识产权创造运用等方面的重要作用。

4. 引导企业加强知识产权管理。搭建面向创新创业企业和各类孵化器的知识产权公共服务平台,开展知识产权运用和保护培训,引导企业建立符合自身发展需求的知识产权管理体系,做好知识产权保护工作,全面提升知识产权管理能力。

(二)实施严格的知识产权保护

5. 提高知识产权保护公共服务水平。建立市、区、创新创业服务机构三级知识产权保护服务体系,为创新创业主体提供优质高效的知识产权保护公共服务。推动北京知识产权保护公共服务平台建设,为企业知识产权风险防范、纠纷应对提供一站式、综合性公共服务。充分发挥北京朝阳(设计服务业)知识产权快速维权中心作用,为设计服务业企业提供专利快速授权、确权和维权服务。在有条件的优势产业聚集区建设重点产业知识产权快速协同保护中心,完善重点产业知识产权保护体系;促进产业结构调整和转型升级。

6. 完善知识产权纠纷多元解决机制。健全知识产权纠纷调解工作机制,大力推进重点行业、区域知识产权纠纷调解工作,推动在重点行业、区域建立知识产权纠纷调解组织,提高化解纠纷能力。探索以公证等方式保管知识产权证据、证明材料，加强对知识产权在先使用、侵权等行为的保全证据公证工作。

7. 加大知识产权行政执法力度。建立统一协调的知识产权保护机制，加强知识产权行政管理部门之间的执法协作，严厉打击侵犯知识产权和制售假冒伪劣商品等违法行为，构建良好的创新创业环境。加强海关知识产权执法保护，依法严厉打击进出口侵权行为，加强电子商务等新业态、新领域的知识产权保护。

8. 加强知识产权司法保护。完善行政执法和司法保护两条途径优势互补、有机衔接的知识产权保护模式，提升知识产权保护水平。完善知识产权审判、检察工作机制，推进知识产权民事、行政、刑事案件审判"三合一"工作。充分发挥北京知识产权法院在知识产权案件审判中的重要作用，探索知识产权案件专门化审理程序和审理规则。加强基层法院知识产权审判工作，提升专业化审判水平。

9. 推进 2022 年冬奥会知识产权保护。修订《北京市奥林匹克知识产权保护规定》，加强与河北省知识产权行政管理部门的执法联动，提升执法效能，严厉打击侵犯奥林匹克知识产权的违法行为。

(三) 促进知识产权创造运用

10. 健全知识产权创造体系。研究制定《北京市重点产业专利创造指南》，提高重点产业专利创造能力，聚焦创新前沿、关键核心、集成服务、设计创意、名优民生产品，打造"北京创造"品牌。在新能源、新材料、节能环保、高端装备等重点领域，掌握一批核心知识产权。完善专利资助政策，提升专利申请质量。支持世界知识产权组织（WIPO）设立"北京科技创新金奖"，奖励具有重大经济社会效益的知识产权创新项目。

11. 加强知识产权运营体系建设。加快构建平台、机构、基金、产业等多位一体的知识产权运营体系。充分发挥全国知识产权运营公共服务平台作用，聚集国内外知识产权运营机构，打造政府引导、市场参与的知识产权运营模式。培育一批运营能力强、服务水平高的知识产权运营机构。发挥北京市重点产业知识产权运营基金的引导作用，促进重点产业知识产权转移转化。

12. 培育知识产权密集型产业。开展知识产权密集型产业调查统计，建立认定标准。制定知识产权密集型产业发展规划，建立产业指导目录，引导知识产权密集型产业发展壮大。通过股权投资基金等市场化方式，引导社会资本投入知识产权密集型产业。成立知识产权密集型产业联盟。

13. 提升知识产权附加值和国际影响力。重点培育具有较高知名度的科学技术服务类、互联网和信息服务类、文化教育服务类、金融服务类、商务和旅游服务类、健康医疗服务类企业，打造"北京服务"品牌。制定北京市著名商标培育计划，实施商标品牌战略。鼓励老字号企业运用商标战略参与市场竞争，积极推动老字号企业品牌建设。加强对地理标志产品使用专用标志的指导，提升农产品附加值。提高中医药知识产权创新能力，加快推进中医药知识产权成果产业化，提高中医药技术和产品在国际市场的竞争力。鼓励企业积极参与国际标准制定，推动有知识产权的创新技术转化为标准。

（四）发展知识产权服务业

14. 建设中关村国家知识产权服务业集聚发展示范区。深入推进中关村知识产权服务业联盟建设，打造知识产权和标准化一条街，鼓励国内外优秀知识产权服务机构落户中关村国家自主创新示范区核心区。培育"互联网+知识产权"服务新模式，鼓励知识产权服务机构借助互联网平台依法依规开展知识产权代理、信息、运营等服务。

15. 拓展知识产权服务范围。提升知识产权代理服务质量，推动知识产权信息分析、运营、咨询、培训等业态发展。落实《国务院关于北京市服务业扩大开放综合试点总体方案的批复》（国函〔2015〕81号）精神，鼓励知识产权服务机构开展境外服务，培育一批既熟悉国际规则又具备实际操作能力的高端知识产权服务机构。

16. 推动知识产权金融服务创新发展。完善与投资、信贷、担保、典当、证券、保险等相结合的知识产权金融服务机制。积极推进知识产权质押融资工作，完善知识产权价值评价体系，推动建立知识产权质押融资风险补偿和质物处置机制，加快知识产权的市场流转和价值实现。推进专利执行保险和专利侵权责任保险业务发展，鼓励保险机构不断创新知识产权保险产品。探索开展知识产权证券化试点。

17. 构建知识产权大数据服务体系。推进北京市知识产权公共信息服务平台建设，汇聚专利、商标、版权和知识产权案例等信息资源，加大对数据资源的加工力度，为政府机构、企业、社会公众等提供便捷的知识产权信息服务。建立覆盖全市的由专利信息服务主站、专利信息服务分站、专利信息应用网点组成的服务体系，推动专利资源共享共用。

18. 加强知识产权服务业监督管理。将行政监管与行业自律有机结合，形成定位明确、分工合理、相互协调、运转有效的监督管理机制。指导行业协会建立和推行知识产权服务业标准、自律规范和职业操守，提升服务质量和规范化水平。

（五）实施知识产权重点发展工程

19. 京津冀知识产权协同发展工程。落实《京津冀系统推进全面创新改革试验方案》，完善"一局三地"知识产权合作会商机制，与国家知识产权局和天津市、河北省政府共同打造知识产权协同发展示范区。加强三地在举报投诉、维权援助、立案协作、委托取证、联合执法等方面的合作，推进知识产权协同保护。利用北京市知识产权公共信息服务平台数据资源优势和知识产权服务资源优势，为津冀重点产业园区和企业提供知识产权代理、信息利用等定制化服务。

20. "三大科学城"知识产权发展促进工程。统筹规划中关村科学城、怀柔科学城和未来科技城知识产权引领支撑作用。完善知识产权保护等科技服务体系，引导知识产权服务机构与各类创新主体积极对接，促进科技成果及时转化为知识产权。依托"三大科学城"建设，全面提升区域知识产权综合实力，发挥示范带动作用。

21. 中关村国家自主创新示范区知识产权创新引领工程。深入实施中关村知识产权推进计划，加快重点工程建设。加大政策支持和专项培育力度，打造一批知识产权领军企业。建设中关村专利导航产业发展实验区，开展专利导航产业发展试点。制定中关村创新创业企业知识产权帮扶计划，组织知识产权服务机构开展"一对一"帮扶活动。

22. 北京经济技术开发区知识产权支撑产业发展工程。推动北京经济技术开发区建设国家级知识产权密集型产业集聚区，打造专利展示交易中心、知识产权金融创新中心、专利孵化中心，构建产业创新联盟、研究院所、专利池、技术交易平台、基金、特色产业园区"六位一体"的知识产权创新链条，全方位支持高端产业发展。

23. 知识产权强区工程。完善各区知识产权统筹协调机制，健全知识产权评价指标体系，加强分类指导，全面提升知识产权综合实力。按照国家知识产权试点示范城市（区）建设要求，围绕区域发展战略布局，推进知识产权在经济建设、社会发展、市场监管、公共服务等方面的应用，建成一批特色优势明显、引领示范作用强的知识产权强区。

（六）推动知识产权国际化发展

24. 加强知识产权海外布局。积极开展外向型知识产权优势企业培育项目，培育一批能够灵活运用知识产权制度和规则、积极参与国际竞争的优势企业。加强对企业在"一带一路"沿线国家和地区进行知识产权布局的指导。设立知识产权国际注册政策和法律中心，扶持外向型企业进行商标国际注册、以《专利合作条约》等途径对外申请专利，为企业"走出去"提供支持。积极搭建版权贸易平台，畅通版权输出渠道。

25. 提高企业知识产权国际化运用水平。针对企业海外市场拓展主要目的国，定期发布专利预警报告和专利布局指南，引导企业加强海外专利布局。引导外向型企业制定符合自身海外发展需求的知识产权管理体系和品牌战略，建立重要技术领域专利态势分析和预警常态化工作机制。

26. 深化知识产权国际交流合作。积极推进与知识产权国际组织及其他国家和地区知识产权机构的交流合作，积极承办具有国际影响力的知识产权活动。密切与世界知识产权组织及中国办事处的沟通联系，全面落实与世界知识产权组织签署的《加强知识产权合作谅解备忘录》。充分发挥首都知识产权国际交流合作基地优势，持续推进知识产权海外站点建设。

27. 加强企业海外知识产权维权援助。开展企业海外知识产权维权援助服务，建立维权援助服务体系。以北京知识产权保护公共服务平台为基础，建立企业海外知识产权维权援助服务网，为企业应对海外知识产权纠纷提供有力支持。引导知识产权服务机构开展企业海外知识产权维权服务。

三、保障措施

（一）切实如强组织领导。充分发挥市知识产权办公会议统筹协调作用，切实加强对知识产权首善之区建设工作的组织领导，明确责任分工，制定年度计划，加强对各项工作落实情况的督促检查。市知识产权办公会议各成员单位要按照职责分工，将各项任务纳入本部门、本单位年度工作计划，制定具体实施方案，扎实推进各项任务落实。

（二）完善政策法规体系。贯彻落实国家关于知识产权事业发展的决策部署，做好顶层设计和整体谋划。加强知识产权政策与产业、科技、财政、金融、税收等政策的有效衔接。以《北京市专利保护和促进条例》为基础，健全完善专利资助、发明专利奖励、展会保护等方面的政策法规。

（三）建立动态监测机制。建立知识产权政策建议的外部反馈机制，广泛收集创新主体、服务机构的政策需求。探索建立知识产权政策实施效果评价机制，开展知识产权政策定期评价与动态调整，监测政策实施情况。

（四）加大财税支持力度。加大财政资金支持力度，为知识产权首善之区建设提供资金保障。落实企业研究开发费用税前加计扣除政策，对符合条件的知识产权费用按规定实行加计扣除。综合运用财政税收等扶持政策支持知识产权服务业发展。

（五）加快人才队伍建设。配合国家知识产权局组织实施"百千万知识产权人才工程"。发挥在京高等院校、科研院所资源优势，积极构建知识产权人才培养体系。鼓励引进海外高端知识产权专业人才。

（六）努力营造良好氛围。加强知识产权文化建设，通过互联网、移动终端等载体加大知识产权宣传力度，形成尊重知识产权、保护知识产权的良好氛围。